Werkboek kortdurende schematherapie: CGT-technieken

Toelichting bij het extra online materiaal

In het werkboek wordt een aantal keer verwezen naar een website met extra te downloaden materiaal. Dit aanvullende materiaal is vindbaar op de volgende website: http://extras.springer.com/

Vul op deze website in het zoekveld *Search ISBN* het ISBN van het boek in: **978-90-368-1583-3**

Let op: het is belangrijk om precies deze schrijfwijze aan te houden, dus met tussenstreepjes.

Werkboek kortdurende schematherapie: CGT-technieken

Jenny Broersen

Michiel van Vreeswijk

Derde, herziene druk

Houten 2017

© 2017 Bohn Stafleu van Loghum, onderdeel van Springer Media Alle rechten voorbehouden. Niets uit deze uitgave mag worden verveelvoudigd, opgeslagen in een geautomatiseerd gegevensbestand, of openbaar gemaakt, in enige vorm of op enige wijze, hetzij elektronisch, mechanisch, door fotokopieën of opnamen, hetzij op enige andere manier, zonder voorafgaande schriftelijke toestemming van de uitgever. Voor zover het maken van kopieën uit deze uitgave is toegestaan op grond van artikel 16b Auteurswet jo het Besluit van 20 juni 1974, Stb. 351, zoals gewijzigd bij het Besluit van 23 augustus 1985, Stb. 471 en artikel 17 Auteurswet, dient men de daarvoor wettelijk verschuldigde vergoedingen te voldoen aan de Stichting Reprorecht (Postbus 3060, 2130 KB Hoofddorp). Voor het overnemen van (een) gedeelte(n) uit deze uitgave in bloemlezingen, readers en andere compilatiewerken (artikel 16 Auteurswet) dient men zich tot de uitgever te wenden.

Samensteller(s) en uitgever zijn zich volledig bewust van hun taak een betrouwbare uitgave te verzorgen. Niettemin kunnen zij geen aansprakelijkheid aanvaarden voor drukfouten en andere onjuistheden die eventueel in deze uitgave voorkomen.

ISBN 978 90 368 1583 3
NUR 777

Ontwerp omslag en binnenwerk: Studio Bassa, Culemborg
Automatische opmaak: Pre Press Media Groep, Zeist

Eerste druk, 2006
Tweede, herziene druk 2013
Derde, herziene druk 2017

Bohn Stafleu van Loghum
Het Spoor 2
Postbus 246
3990 GA Houten

www.bsl.nl

Inhoud

	Woord vooraf	7
	Dankwoord	8

DEEL I INLEIDING SCHEMATHERAPIE

1	**Inleiding schematherapie**	11
1.1	Schematherapie	11
1.2	Wat zijn schema's en modi?	12
1.3	Beschrijving schema's	15
1.4	Beschrijving schemamodi	16
1.5	Beschrijving emotionele kernbehoeften	18
1.6	Technieken in de schematherapie	19
1.7	Individuele kortdurende schematherapie of in een groep?	19
1.8	Meten van het therapieproces	21

DEEL II SESSIE 1 TOT EN MET 18 EN FOLLOW-UP

Sessie 1	Kennismaking met schema's en modi	25
Sessie 2	Op zoek naar schema's in mijn dagelijks leven	32
Sessie 3	Nog beter leren herkennen van mijn schema's	36
Sessie 4	Gemoedstoestanden: het modusmodel	40
Sessie 5	Het bestaansrecht van een schema: historische en actuele toets	43
Sessie 6	Het behouden of veranderen van schema's of modi: wel of niet?	48
Sessie 7	Zelfveroordeling: de strijd aangaan tegen schema's en modi	52
Sessie 8	Zelfveroordeling: Nog meer tegengif bieden aan schema's en modi	57
Sessie 9	Groot verantwoordelijkheidsgevoel en schuld: beïnvloeden van schema's en modi	59
Sessie 10	Nog meer tegen schema's invechten	63
Sessie 11	Tussentijdse evaluatie en de toekomstige aandachtspunten	66
Sessie 12	Schema's en modi: hoe komen deze over in het contact?	74
Sessie 13	Nog meer bewust worden van schema's en modi in relaties	79
Sessie 14	Schema's en modi in contact met de naastbetrokkenen	81
Sessie 15	Schema's en modi in toekomstige situaties: wees voorbereid!	85

Sessie 16	De Gezonde volwassene die aandacht houdt voor wat goed gaat	87
Sessie 17	Voorbereiding op het afsluiten van schematherapie	91
Sessie 18	Afscheid nemen	93
	Eerste follow-upsessie	95
	Tweede follow-upsessie	97

Literatuur 98

Over de auteurs 99

Bijlage 1: Patiëntenfolder kortdurende schematherapie: groepstherapie en individuele therapie 100

Achterin gestoken: inlegflap schema ernstinschatting

Woord vooraf

Iedereen leeft met een aantal opvattingen over zichzelf, anderen en de wereld om hem heen. Hardnekkige opvattingen, 'schema's', bepalen hoe mensen functioneren in het dagelijks leven, hoe zij omgaan met anderen en met zichzelf. De mate waarin schema's mensen hinderen in hun dagelijks leven en soms hun functioneren lijken te bepalen, wisselt per persoon.
In het kader van de zorgprogrammaontwikkeling voor persoonlijkheidsstoornissen hebben wij in 2006 een protocol ontworpen voor de behandeling van patiënten die als gevolg van hun schema's vastlopen in het leven, of bij wie dat dreigt te gebeuren. Dit protocol werd door ons beiden al vele jaren met veel enthousiasme toegepast. Het werkboek dat u in handen heeft, kan worden gebruikt voor groepstherapie en individuele therapie waarbij het accent ligt op de cognitief gedragstherapeutische technieken.

Met de uitgave van de handleiding en het werkboek van *Schemagerichte therapie in groepen - Cognitieve groepspsychotherapie bij persoonlijkheidsproblematiek* werd het protocol in brede kring beschikbaar. In 2013 is de eerste herdruk gepubliceerd. Deze herdruk had een nieuwe titel: *Kortdurende schemagroepstherapie - Cognitief gedragstherapeutische technieken*. De feedback en suggesties van patiënten en collega's hebben ertoe geleid dat de handleiding en het werkboek een ander jasje hebben gekregen. Ons inziens is destijds de nieuwe indeling van het werkboek beter en duidelijker geworden. Zowel in de handleiding als het werkboek is meer nadruk gelegd op het werken met dit protocol in groepstherapie, met daarbij nog meer aandacht voor groepsdynamische processen. Tot slot hebben wij het werken met het gecombineerde schema/modusmodel nog expliciter uitgewerkt.
In 2017 is dit werkboek nog verder aangescherpt. In deze herdruk, wordt één schematherapieprotocol uit behandelmethode kortdurende schematherapie beschreven. Naast dit werkboek is er namelijk nog een nieuw *Werkboek kortdurende schematherapie: experiëntiële technieken* ontwikkeld. Deze twee kortdurende protocollen kunnen los van elkaar of – voor een langere therapie – achtereenvolgend worden aangeboden.
Het accent van het huidig werkboek ligt op de (therapeutische) relatie, de cognitieve en de gedragstherapeutische technieken uit de schematherapie. Het is zowel te gebruiken voor individuele als groepstherapie. Er zijn wat kleine wijzigingen doorgevoerd. Het geeft heldere richtlijnen hoe deze technieken in een kortdurende schematherapie kan worden toegepast: van sessie tot sessie. Wij hopen dat de herdruk van de handleiding en het werkboek goed wordt ontvangen.

Dankwoord

Voor de totstandkoming van de herdruk in 2017 hebben we wederom gebruikgemaakt van feedback van patiënten, cursisten, supervisanten en collega's die de afgelopen jaren met het werkboek en de handleiding hebben gewerkt. Het zijn te veel namen om op te noemen, maar wij zijn hen allen zeer dankbaar voor hun waardevolle opmerkingen.

Jenny Broersen
Michiel van Vreeswijk

Deel I Inleiding schematherapie

Dit werkboek is ontwikkeld voor schematherapie en kan zowel in groepsverband als voor individuele behandeling gebruikt worden. Het doel van schematherapie is mensen te helpen hun persoonlijke schema's op te sporen en te leren inzien hoe deze in stand worden gehouden. In de therapie leer je welke schema's je last bezorgen en hoe en waarom je ze in stand houdt; dat is de eerste stap in het veranderingsproces. Met het verkregen inzicht ga je leren de schema's uit te dagen. Je zult leren de irreële gedachten in twijfel te trekken en te oefenen met nieuw gedrag. Op deze manier leer je stap voor stap oude gewoonten waarvan je veel meer last dan gemak hebt, te vervangen door meer adequate gewoonten. Dit werkboek is een hulpmiddel om meer inzicht te krijgen in de duurzame gedachtepatronen/gewoonten waarvan je last hebt in je leven, en vervolgens in het veranderingsproces.

In deel I wordt aandacht besteed aan de begrippen 'schema' en 'modus' (meervoud: modi), en hoe deze in stand worden gehouden. De huiswerkformulieren voor iedere (groeps)sessie zijn beschreven in deel II. Alle huiswerkformulieren en de bijlage *Patiëntenfolder kortdurende schematherapie: groepstherapie en individuele therapie* zijn te downloaden via extras.springer.com. *(Ga daarvoor naar: extras.springer.com en toets het ISBN van het boek: 978 90 368 1583 3.)*

In dit deel wordt ook uitleg gegeven over de wijze waarop je je bewust kunt worden van jouw schema's en modi, alsook de manier waarop je tegen je schema's in kunt gaan. Dit wordt geïllustreerd met voorbeelden. In iedere (groeps)sessie worden een of meer van de huiswerkformulieren besproken. De formulieren zijn bedoeld om de schema's en modi in kaart te brengen en nauwkeurig bij te houden wat je leert.

Wij hopen dat dit werkboek je zal helpen om beter te begrijpen hoe jouw persoonlijke schema's en modi zijn ontstaan. Tevens hopen wij dat het boek je zal helpen je onprettige (denk)gewoonten en gemoedstoestanden te veranderen.

1 Inleiding schematherapie

1.1 Schematherapie

In dit hoofdstuk worden verschillende aspecten van de schematherapie beschreven. Eerst geven we twee voorbeelden van klachten die met deze therapie behandeld kunnen worden.

Voorbeeld schemagroep

Jantine heeft veel last van angstklachten. Haar laatste partner heeft haar in de steek gelaten toen zij hem juist heel hard nodig had. Jantine had namelijk aan hem gevraagd of hij bij haar wilde zijn als ze last van angstklachten zou krijgen. Hij had beloofd er dan voor haar te zijn, maar toen ze weer een angstaanval kreeg en hem op zijn werk opbelde, zei hij dat hij het te druk had en dat hij niet naar huis kon komen. Ze was laaiend. Zij stond wel altijd voor hem klaar als hij haar nodig had. Eigenlijk wist Jantine wel dat hij zo zou reageren. Eerdere partners hadden haar ook al bedrogen, vernederd of pijn gedaan. Deze ervaring was voor haar het zoveelste bewijs dat andere mensen niet te vertrouwen zijn en er nooit zijn als je ze nodig hebt.

Voorbeeld individuele schematherapie

Peter heeft vaak last van somberheid. Hij voelt zich futloos en kan nauwelijks meer voldoen aan de hoge eisen die hij stelt aan zijn werk. Peter raakt steeds sneller geïrriteerd als hij ziet hoe gemakkelijk collega's met hun verantwoordelijkheden omgaan. Dit leidt soms tot conflicten op het werk. Zijn klachten zijn begonnen na een ruzie met een jongere collega die vond dat Peter zijn kamer best met hem kon delen. Peter was verontwaardigd over het feit dat het aan hem werd gevraagd, terwijl hij het langst in het bedrijf werkt en sinds een paar jaar juist een eigen kamer heeft. Naast deze onvrede op zijn werk gaat het ook thuis de laatste tijd minder goed. Zijn vrouw heeft hem al een paar keer gezegd dat zij graag met hem uit wil gaan, maar hij heeft daar niet zo'n behoefte aan. Peter voelt zich op feestjes niet op zijn gemak. Het liefst gaat hij ergens in zijn eentje zitten om maar geen gesprek met vreemden te hoeven aangaan.

1.2 Wat zijn schema's en modi?

Schema's bepalen hoe je kijkt naar jezelf, naar anderen en naar de wereld om je heen (zie figuur A). Voor de manier waarop je naar jezelf kijkt en naar anderen om je heen is de kiem gelegd in je kindertijd, en die kijk is verder gegroeid door wat je daarna hebt meegemaakt (zie figuur B). De zo ontwikkelde schema's voelen vertrouwd aan. Ervaringen worden door mensen vaak zodanig 'aangepast' dat ze de juistheid van de schema's bevestigen (zie het voorbeeld van Jantine). Sommige mensen geven zich over aan hun schema's en vinden manieren om de pijn die zij daardoor voelen te vermijden of uit te doven. Anderen overschreeuwen zichzelf, waardoor ze niets meer hoeven te voelen. Zij gaan bijvoorbeeld nog harder werken dan ze al deden. Ze gaan nog meer hun best doen. Er zijn negentien schema's gevonden die in verschillende mate bij iedereen aanwezig zijn. Van deze negentien schema's zijn er op zijn minst twee à drie waarvan de meeste patiënten last hebben. De negentien schema's worden beschreven in paragraaf 1.3.

Schemacoping

Je kunt op verschillende manieren op een schema reageren. De manier van omgaan met een moeilijke of pijnlijke situatie wordt 'schemacoping' genoemd. Schema's hebben globaal gesproken drie manieren om te 'overleven':
- *Schemavermijding* is ervoor zorgen dat je niet in situaties terechtkomt die je schema's kunnen triggeren, maar ook die je schema's ter discussie kunnen stellen. Voorbeelden van schemavermijding zijn: middelenmisbruik, overdreven veel computeren, hard werken, slapen, dagdromen en overmatig televisie kijken.
- *Schema-overcompensatie* is het overschreeuwen van je schema's. Bij schemaovercompensatie ontken je je kwetsbare plekken, je gevoelige snaren. Je gaat juist datgene doen wat je moeilijk vindt, waar je bang voor bent.
- *Schema-overgave* is het zoeken naar informatie die het schema bevestigt. Alle feiten die het schema tegenspreken negeer je. In plaats daarvan kijk je alleen naar die dingen in een situatie die het bewijs zijn dat het schema gelijk heeft.

Modi

In de schematherapie wordt ook gewerkt aan het beter leren omgaan met bepaalde situaties in je leven. Dit gebeurt onder andere aan de hand van schemamodi (= meervoud van modus). Een schemamodus is een tijdelijke toestand van heftige gevoelens en het volgens een vast patroon omgaan met een bepaalde situatie in het leven. Vaak wordt een modus opgeroepen door situaties waarvoor je gevoelig bent. Je kwetsbare plekken of gevoelige snaren (de schema's) worden geraakt. Vaak reageren mensen in deze heftige emotionele toestand te fel. Ze reageren te boos of voelen zich te verdrietig, te bang of te blij. Dit kan leiden tot gedrag waar iemand uiteindelijk last van krijgt. Mensen kunnen ook heel snel achter elkaar wisselen van modus. Vaak gebeurt dat om het kwetsbare deel in zichzelf te beschermen. In de therapie wordt gekeken hoe de Gezonde volwassene en het Blije kind versterkt kunnen worden. Uit onderzoek blijkt dat er veertien modi te herkennen zijn waarvan iedereen er wel twee of meer heeft. Deze modi worden in paragraaf 1.4 beschreven.

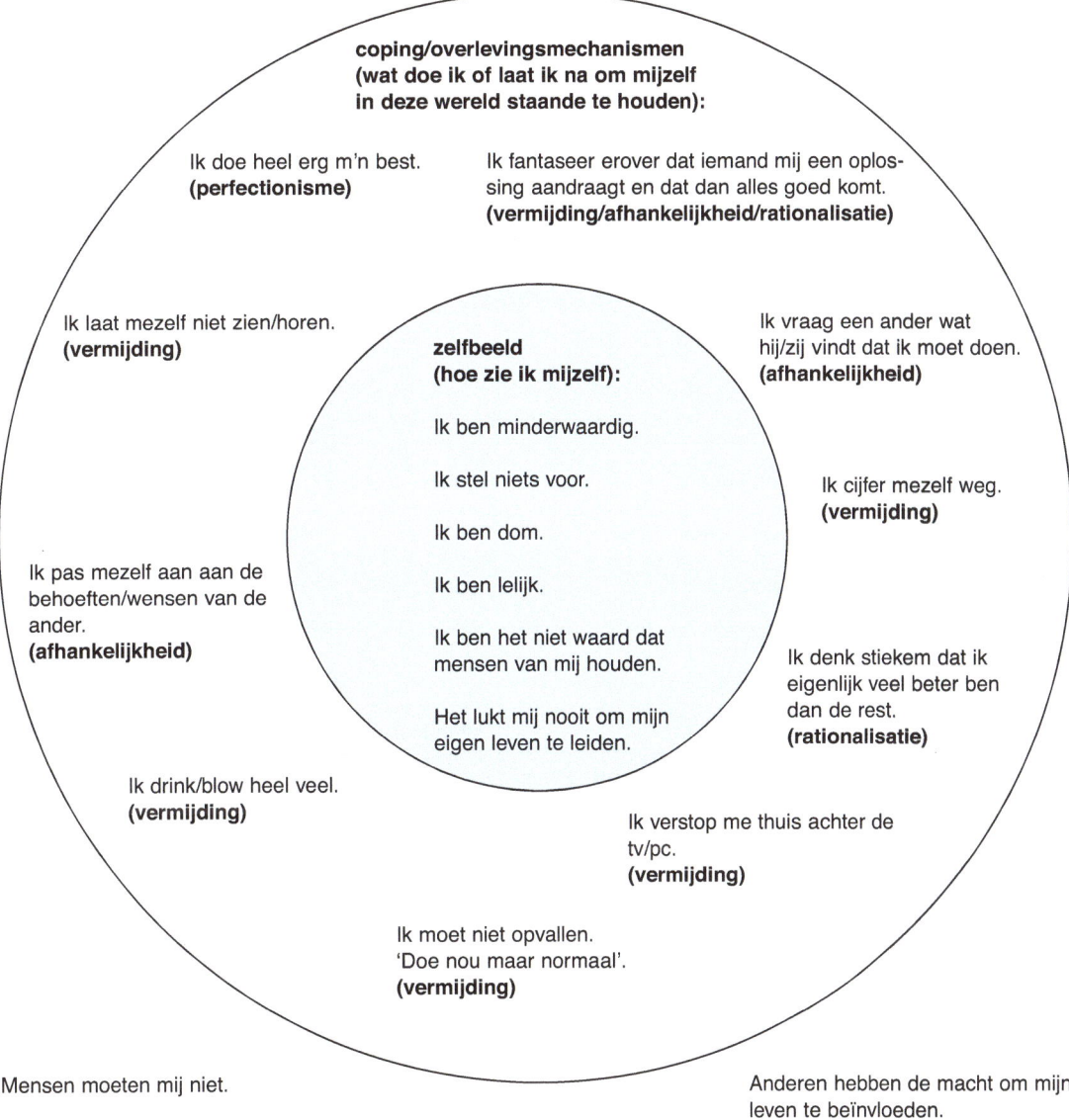

Figuur A Voorbeeld van zelfbeeld en wereldbeeld op basis van de schema's.

relevante biografische gegevens
Vader was vaak voor werk lange tijd niet thuis. Als hij thuiskwam had hij weinig tijd voor de kinderen en kon hij heel boos worden wanneer ze vroegen of hij met ze wilde spelen. Moeder was altijd thuis als de kinderen van school kwamen. Ze maakt dan een praatje met ze en zette wat lekkers op tafel. Als vader uit zijn slof schoot, trok zij zich terug.

schema's
Wantrouwen/misbruik
Minderwaardigheid/schaamte
Zelfopoffering

conditionele assumpties/regels ('Als ik..., dan...; het is verschrikkelijk om...')
Als ik anderen vertrouw zullen ze uiteindelijk misbruik van mij maken.
Als ik mijn ware zelf zou laten zien, zouden anderen niets meer met mij te maken willen hebben.
Als ik mij niet aanpas aan anderen zullen ze me in de steek laten.
Het is verschrikkelijk om boos te zijn op anderen.

strategieën die schema's in stand houden
Alcohol drinken.
Overdag gaan liggen (slapen) op de bank of op bed.
Harder gaan werken.
Nog meer gaan zorgen voor anderen.

situatie 1
Een vriendin lacht nadat ik in vertrouwen iets heb verteld wat mij dwarszit.

automatische gedachte (AG)
Zie je wel dat ze me uitlacht wanneer ik haar in vertrouwen neem.

betekenis van de AG
Anderen zijn niet te vertrouwen.
Ze maken misbruik van me of vernederen me.

emotie
Verdriet.

gedrag
Weglopen.

situatie 2
Een meningsverschil met mijn partner.

automatische gedachte (AG)
Als ik mijn mening niet aanpas, word ik in de steek gelaten.

betekenis van de AG
Ik ben niet van waarde voor anderen. Ik heb de goedkeuring van anderen nodig.

emotie
Angst en verdriet.

gedrag
Zeggen dat ik het niet zo bedoelde.
Mijn excuses maken. Mijn mond verder houden.

Figuur B *Voorbeeld van een schemamodel.*

1.3 Beschrijving schema's

Hierna worden de schema's beschreven die in de schematherapie worden behandeld (overgenomen uit Vreeswijk, van et al, 2008). Om pragmatische redenen is er op dit moment voor gekozen om alle negentien schema's te beschrijven (zie tabel 1), al moeten sommige schema's (in de tabel met een asterisk aangeduid) nog verder worden onderzocht.

Tabel 1 Schema's (de schema's met een * moeten nog verder onderzocht worden)	
schema	uitleg
Emotionele verwaarlozing	De patiënt verwacht dat de eigen basale emotionele behoeften (zoals steun, verzorging, empathie en bescherming) niet of onvoldoende door anderen zullen worden vervuld. Hij voelt zich alleen en eenzaam.
Verlating/instabiliteit	De patiënt verwacht dat iedereen hem uiteindelijk in de steek zal laten. Anderen zijn onbetrouwbaar en onvoorspelbaar in hun steun en toewijding. Angst, verdriet en woede wisselen elkaar af als de patiënt zich in de steek gelaten voelt.
Wantrouwen en/of misbruik	De patiënt heeft de overtuiging dat anderen uiteindelijk op een of andere manier misbruik van hem zullen maken of hem zullen bedriegen of vernederen. De gevoelens zijn heel wisselend, en betrokkene is voortdurend waakzaam.
Sociaal isolement/vervreemding	De patiënt voelt zich geïsoleerd van de rest van de wereld en anders dan andere mensen.
Minderwaardigheid/schaamte	De patiënt vindt zichzelf innerlijk onvolkomen en slecht. Zodra anderen hem beter leren kennen, zullen zij dat ontdekken en hem afwijzen. Het gevoel van waardeloosheid leidt veelal tot schaamte.
Sociale ongewenstheid	De patiënt is ervan overtuigd dat hij sociaal onhandig en onaantrekkelijk is. Hij vindt zichzelf saai, suf en lelijk.
Mislukking	De patiënt is ervan overtuigd dat hij niet in staat is om te presteren op het niveau van leeftijdsgenoten. Hij voelt zich dom en ongetalenteerd.
Afhankelijkheid/onbekwaamheid	De patiënt is extreem hulpeloos en functioneel afhankelijk van anderen. Hij kan geen besluiten nemen over dagelijkse problemen en is vaak gespannen en angstig.
Kwetsbaarheid voor ziekte en gevaar	De patiënt veronderstelt dat hem en dierbaren elk moment iets vreselijks kan overkomen en dat hij niets kan doen om zich te beschermen.
Verstrengeling/kluwen	De patiënt is overdreven betrokken bij en verbonden met een of meer opvoeders, waardoor hij geen eigen identiteit kan ontwikkelen.
Onderwerping	De patiënt geeft zichzelf over aan de wil van anderen om negatieve consequenties te voorkomen. Hij onderdrukt eigen behoeften uit angst voor conflicten en straf.
Zelfopoffering	De patiënt offert zich vrijwillig op voor anderen, die hij ziet als zwakker dan zichzelf. Als hij aandacht schenkt aan zijn eigen behoeften voelt hij zich schuldig, en hij laat andermans behoeften voorgaan. Uiteindelijk gaat hij zich ergeren aan de mensen waar hij voor zorgt.
Goedkeuring en erkenning zoeken*	De patiënt is op een overdreven manier op zoek naar erkenning, waardering en aandacht, ten koste van zijn eigen ontwikkeling en behoeften.
Emotionele geremdheid	De patiënt houdt emoties en impulsen altijd in, omdat hij denkt dat het uiten daarvan anderen zal schaden of leidt tot schaamte, vergelding of verlating. Hij reageert nooit spontaan en legt sterk de nadruk op rationaliteit.
Meedogenloze normen/overmatig kritisch	De patiënt gelooft dat hij het nooit goed genoeg kan doen en dat hij harder zijn best moet doen. Hij is kritisch op zichzelf en anderen en is perfectionistisch, rigide en overdreven efficiënt. Dit gaat ten koste van plezier, ontspanning en sociale contacten.

Negativiteit en pessimisme*	De patiënt ziet altijd de negatieve kant van zaken en negeert of minimaliseert de positieve kant. Hij is meestal aan het piekeren en is hyperalert.
Bestraffende houding*	De patiënt vindt dat mensen hard gestraft moeten worden voor hun fouten. Hij is agressief, intolerant, ongeduldig en niet vergevingsgezind.
Zich rechten toe-eigenen	De patiënt vindt dat hij superieur is aan anderen en speciale rechten heeft. Hij kan doen en laten wat hij wil, zonder rekening te hoeven houden met anderen. Het centrale thema is macht en controle hebben over situaties en mensen.
Gebrek aan zelfcontrole/zelfdiscipline	De patiënt heeft geen frustratietolerantie en kan gevoelens en impulsen niet beheersen. Hij verdraagt geen ongenoegen of ongemak (pijn, ruzie en inspanning).

1.4 Beschrijving schemamodi

In tabel 2 (overgenomen uit Vreeswijk van, et al. 2008) worden de modi beschreven die in de schematherapie worden behandeld.

Tabel 2 Schemamodi (de schema's met een * moeten nog verder onderzocht worden)

modus	uitleg
Kindmodi	
Kwetsbare kind	De patiënt denkt dat niemand zijn emotionele behoeften zal vervullen en dat iedereen hem uiteindelijk in de steek zal laten. Hij wantrouwt anderen en denkt dat er misbruik van hem gemaakt zal worden. Hij voelt zich minderwaardig en verwacht afgewezen te worden. Hij schaamt zich voor zichzelf en heeft vaak het gevoel er niet bij te horen. Hij gedraagt zich als een klein kwetsbaar kind dat zich voor hulp aan de therapeut vastklampt, omdat hij zich alleen voelt en denkt dat er overal gevaar dreigt.
Woedende kind	De patiënt is intens kwaad, woedend en ongeduldig, omdat aan zijn basale behoeften niet wordt voldaan. Hij kan zich tevens in de steek gelaten, gekleineerd of verraden voelen. Hij uit zijn woede in heftige mate, zowel verbaal als non-verbaal, net als een klein kind dat een woedeaanval heeft.
Razende kind	De patiënt is om dezelfde reden razend als het woedende kind, maar verliest hierbij de controle. Het uit zich in kwetsende en beschadigende acties tegen mensen en voorwerpen, net zoals een klein kind dat tegen de schenen van zijn ouder schopt.
Impulsieve kind	De patiënt wil op een egoïstische en ongecontroleerde wijze de bevrediging van zijn (niet-basale) behoeften afdwingen. Hij kan gevoelens en impulsen niet inhouden en wordt woedend en razend als hij niet meteen zijn zin krijgt. Hij lijkt vaak op een verwend kind.
Ongedisciplineerde kind	De patiënt heeft geen frustratietolerantie en kan zichzelf niet dwingen routinematige of vervelende taken af te maken. Hij verdraagt geen ongenoegen of ongemak (pijn, ruzie en inspanning) en gedraagt zich als een verwend kind.
Blije kind	De patiënt voelt zich geliefd, tevreden, beschermd, begrepen en gewaardeerd. Hij heeft zelfvertrouwen en voelt zich competent, voldoende autonoom en in controle. Hij kan spontaan reageren, is ondernemend, optimistisch en speels als een gelukkig klein kind.
Disfunctionele copingmodi	
Willoze inschikkelijke	De patiënt geeft zichzelf over aan de wil van anderen om negatieve consequenties te voorkomen. Hij onderdrukt alle behoeften of emoties en kropt agressie op. Hij gedraagt zich onderdanig, passief en hoopt goedkeuring te krijgen door gehoorzaam te zijn. Hij laat zich gebruiken.

Onthechte beschermer	De patiënt schermt zichzelf af voor heftige gevoelens, omdat hij denkt dat gevoelens gevaarlijk zijn en uit de hand kunnen lopen. Hij trekt zich terug uit relaties en probeert zijn gevoel uit te schakelen (soms leidend tot dissociatie). De patiënt voelt zich leeg, verveeld en gedepersonaliseerd. Hij kan een cynische of pessimistische houding aannemen om anderen op een afstand te houden.
Onthechte zelfsusser	De patiënt zoekt afleiding om negatieve emoties niet te hoeven voelen. Hij bereikt dit door zelfsussend gedrag (zoals slapen of middelenmisbruik) of het ondernemen van zelfstimulerende activiteiten (te fanatiek of te veel bezig zijn met bijvoorbeeld werken, internetten, sport of seks).
Overcompensatiemodi	
Zelfverheerlijker	De patiënt voelt zich superieur aan anderen en denkt dat hij speciale rechten heeft. Hij wil zijn zin krijgen zonder rekening te hoeven houden met anderen. Hij schept op en kleineert anderen om zijn gevoel van eigenwaarde te vergroten.
Pest- en aanval	De patiënt wil voorkomen dat hij gecontroleerd of gekwetst wordt door anderen en probeert daarom controle over hen te houden. Hij gebruikt hiervoor bedreiging, intimidatie, agressie en dwang. Hij wil altijd in de dominante positie zitten en voelt een sadistisch genoegen bij het aanvallen van anderen.
Onaangepaste oudermodi	
Straffende ouder	De patiënt is agressief, intolerant, ongeduldig en niet-vergevingsgezind ten opzichte van zichzelf. Hij is altijd kritisch op zichzelf en zeer schuldbewust. Hij schaamt zich voor zijn fouten en vindt dat hij daar hard voor gestraft moet worden. Deze modus is een weergave van wat (een van) de ouders of andere opvoeders altijd tegen de cliënt zeiden om hem te kleineren of te straffen.
Veeleisende ouder	De patiënt vindt dat hij moet voldoen aan rigide regels, normen en waarden. Hij moet daarbij overdreven efficiënt zijn. Hij gelooft dat hij het nooit goed genoeg kan doen en dat hij harder zijn best moet doen. Hij blijft daarom streven naar perfectie, ten koste van eigen rust en plezier. Hij is nooit tevreden met het resultaat. Dit zijn ook geïnternaliseerde regels en normen van (een van de) ouders.
Gezonde modus	
Gezonde volwassene	De patiënt heeft positieve en genuanceerde gedachten en gevoelens over zichzelf. Hij doet dingen die goed voor hem zijn en leiden tot gezonde relaties en activiteiten. Dit is geen disfunctionele modus.
Nog niet onderzochte modi	
Boze beschermer*	Gebruikt een muur van woede om zichzelf te beschermen tegen anderen, die als bedreigend worden ervaren. Hij houdt anderen op een veilige afstand met veel vertoon van woede. Boosheid is meer gecontroleerd dan bij het woedende of razende kind.
Overcontroleerder*	Probeert zichzelf te beschermen tegen vermeende of daadwerkelijke dreiging door alles extreem te controleren. Gebruikt daarbij herhaling of rituelen.
Paranoïde modus*	Probeert zichzelf te beschermen tegen vermeende of daadwerkelijke dreiging door anderen te lokaliseren en te onthullen.
Bedrog- en manipulatiemodus*	Bedriegt, liegt of manipuleert om een specifiek doel te bereiken, dat oftewel betrekking heeft op het anderen tot slachtoffer maken of om straf te ontlopen.
Roofdiermodus*	Op een kille, meedogenloze en berekenende wijze dreiging, rivalen, obstakels of vijanden elimineren.
Aandacht- en erkenningzoeker*	De patiënt probeert op opzichtige wijze goedkeuring en aandacht van anderen te krijgen, bijvoorbeeld door zich overdreven te gedragen, te erotiseren of zich aan te stellen.

1.5 Beschrijving emotionele kernbehoeften

In tabel 3 (Lockwood en Perris, 2012) worden de emotionele kernbehoeften weergegeven.

Tabel 3 Schema's en de daarbij behorende emotionele kernbehoefte (de schema's met een * staan niet vermeld in Lockwood en Perris 2012, deze zijn door auteurs van dit werkboek aangevuld)

schema	emotionele kernbehoefte in de relatie
Emotionele verwaarlozing	Warmte en affectie, empathie, bescherming, wederzijds delen van persoonlijke ervaringen.
Verlating/instabiliteit	Een stabiele en voorspelbare emotionele hechtingsfiguur.
Wantrouwen en/of misbruik	Eerlijkheid, betrouwbaarheid, loyaliteit, afwezigheid van misbruik.
Sociaal isolement/vervreemding	Erbij betrokken worden. Gezien worden en uitgenodigd worden en horen 'je bent oké'.
Minderwaardigheid/schaamte	Onvoorwaardelijke acceptatie van, en liefde voor iemands persoonlijke en publieke zelf met regelmatige waardering waarbij onophoudend kritiek of afwijzing afwezig is. Aanmoediging om onzekerheid te delen en deze niet geheim te houden voor anderen.
Sociale ongewenstheid	Acceptatie door en behorend bij een gemeenschap/groep met gedeelde interesses en waarden.
Mislukking	Ondersteuning en begeleiding bij het ontwikkelen van expertise en competentie op verschillende gebieden (onderwijs, werk en recreatief).
Afhankelijkheid/onbekwaamheid	Uitdaging, ondersteuning en begeleiding in het omgaan met dagelijkse keuzes en eigen problemen zonder overdreven veel hulp van anderen.
Kwetsbaarheid voor ziekte en gevaar	Een geruststellende betekenisvolle relatie die een evenwicht biedt in het hebben van reële bezorgdheden voor gevaar en ziekte en een gevoel heeft voor het nemen van enige risico, iemand die een adequate actie onderneemt zonder overbescherming.
Verstrengeling/kluwen	Een betekenisvolle ander die een eigen identiteit aanmoedigt en accepteert, respecteert persoonlijke grenzen.
Onderwerping	Vrijheid om in betekenisvolle relaties behoeften, gevoelens en een mening te uiten zonder angst, straf of afwijzing.
Zelfopoffering	Evenwicht in de belangrijkheid van elkaars persoonlijke behoeften.
Goedkeuring en erkenning zoeken*	Onvoorwaardelijk gezien en gehoord worden. Fouten mogen maken. Dingen op eigen manier mogen doen zonder afkeuring.
Emotionele geremdheid	Een betekenisvolle ander die speels en spontaan is en uitnodigt om dat ook te zijn en anderen aanmoedigt gevoelens te uiten en hierover te praten.
Meedogenloze normen/overmatig kritisch	Begeleiding in het ontwikkelen van adequate (niet te lage, niet te rigide en niet te extreme) waarden en idealen en het vinden van een evenwicht met betrekking tot prestatiedoelen waarbij ook tegemoet wordt gekomen aan behoeften zoals gezondheid, intimiteit en ontspanning.
Negativiteit en pessimisme*	Horen dat de wereld niet in- en inslecht is. Dat dingen fout gaan, maar ook heel veel goed. Dat je ook zelf een positieve invloed kan hebben op wat er gebeurt.
Bestraffende houding*	Valideren van pogingen om iets uit te proberen. Stimulans t.a.v. creativiteit en eigenheid. Fouten maken mag en is teken van initiatief durven tonen.
Zich rechten toe-eigenen	Iemand die stuurt om zich in te leven in de ander en grenzen stelt waarbij stilgestaan wordt bij de consequenties voor anderen en het zich meer inleven in de visie, rechten en behoeften van anderen, het zich minder superieur voelen en die onrealistische eisen begrenst.
Gebrek aan zelfcontrole/zelfdiscipline	Begeleiding om meer dagelijkse routine taken af te maken, verantwoordelijkheden aan te gaan en bezig te zijn met lange termijn doelen. Emoties die ongecontroleerd, impulsief of inadequaat zijn worden begrensd.

1.6 Technieken in de schematherapie

In de schematherapie wordt gewerkt met verschillende technieken. In deze vorm van schematherapie ga je de navolgende hulpmiddelen gebruiken om je schema's en modi te leren herkennen en te veranderen.

Therapeutische relatie en contact met groepsleden

In een individuele therapie kan het contact tussen jou en de therapeut besproken worden. Zo wordt er stilgestaan welke schema's en modi in dit contact een rol spelen en wordt er ook een vergelijking gemaakt met de contacten die jij met anderen hebt.

In een groepstherapie heb je gelegenheid om in contact met anderen te onderzoeken hoe jouw gevoelige snaren (schema's) en gemoedstoestanden (modi) een rol spelen en deze in een veilige omgeving te veranderen. Sommigen vinden het op grond van hun schema's moeilijk om hun emotionele binnenwereld aan anderen te laten zien. Groepstherapie kan een oefenklimaat zijn om hiermee nieuwe ervaringen op te doen. Voor anderen is de uitdaging er meer in gelegen om milder naar zichzelf en anderen te zijn wanneer zij het contact aangaan. De (werk)relatie met de groepstherapeuten en de groepsleden is een onderwerp dat regelmatig terugkomt in schematherapie.

Cognitieve technieken

Deze technieken worden gebruikt om het proces van schema- en modiverandering verder op gang te brengen. Met behulp van de cognitieve technieken leer je de schema's en modi te bevechten zodra ze opkomen, zowel binnen als buiten de therapie. Je zult leren je irreële gedachten uit te dagen en gaan oefenen met nieuw gedrag. Met behulp van cognitieve technieken leer je negatieve emotionele overtuigingen effectief te bestrijden met rationele, zelfhelpende argumenten.

Gedragsmatige technieken

Een rollenspel is een hulpmiddel om te onderzoeken hoe jij vanuit jouw schema's en modi reageert in een situatie. Het is een techniek om te oefenen met anders reageren. In een groepstherapie kunnen groepsleden jou helpen alternatieve ideeën/gedragingen te geven.

Naast het rollenspel zijn er diverse huiswerkopdrachten, onder andere met als doel bewuster te worden van schema-/modustriggering en hoe gezonder om te gaan met je behoeften. Je leert om positieve veranderingen bij het houden.

1.7 Individuele kortdurende schematherapie of in een groep?

Het doel van schematherapie is jou te helpen de schema's en modi (gemoedstoestanden) op te sporen en te leren in te zien hoe deze schema's en modi in stand worden gehouden. Inzicht krijgen in de schema's en modi die je last bezorgen, en waardoor je steeds opnieuw problemen met relaties, met je werk of studie en andere terugkerende klachten hebt, is een eerste stap in het veranderingsproces. Vervolgens ga je leren anders met je schema's en gemoedstoestanden om te gaan. Vanuit schema's en modi is het voor veel mensen moeilijk hun behoeften aan te geven en open te zijn over hun emotionele binnenwereld. In de schematherapie krijg je de gelegenheid dit in een veilige omgeving te veranderen (zie ook Bijlage 1: Patiëntenfolder kortdurende schematherapie).

Een kortdurende schematherapie bestaat uit verschillende fasen
In de eerste fase staat kennismaken en wennen centraal. In deze fase wordt tevens veel uitleg gegeven over wat schema's en modi zijn en over de werkwijze van de therapie. Na de eerste paar sessies gaat het voornamelijk om het leren herkennen van schema's en modi: een 'bewustwordingsfase'. Daarna volgt een fase waarin je leert op een andere manier met je schema's en modi om te gaan, zowel binnen de therapie als buiten de therapie. Deze fase begint veelal na de eerste behandelevaluatie (sessie 11). In de eindfase ga je je vooral bezighouden met het maken van een eerstehulpkoffer ('EHBO-koffer'): je gaat technieken toepassen waarmee je de kans op een terugval verkleint, én waarmee je er gemakkelijker uitkomt indien je toch bent teruggevallen.
In de twee follow-upsessies wordt geëvalueerd en besproken hoe je wat je geleerd hebt in praktijk hebt gebracht.

Schematherapie kan zowel individueel als in een groep gegeven worden. In schemagroepstherapie werk je onder begeleiding van twee groepstherapeuten in een veilige omgeving samen met anderen aan de schema's en de gemoedstoestanden waar je last van hebt. Je vindt herkenning en steun bij je groepsgenoten. Je leert in een veilige therapeutische omgeving van elkaar wat wel en niet kan helpen om schema's en modi te veranderen. Op deze manier kun je in contacten met anderen nieuwe ervaringen opdoen. Samen sta je voor dezelfde soort problemen.
De groep bestaat uit mannen en vrouwen en telt zeven tot tien leden en twee therapeuten. De groepsleden variëren in leeftijd van 25 tot en met 65 jaar. De eerste achttien keer komt de groep wekelijks samen voor een sessie van anderhalf uur. Daarna volgen nog twee sessies, verspreid over de tijd.
Voordat iemand aan de groep kan gaan deelnemen, vinden er enkele individuele gesprekken plaats met de therapeuten. Samen met hen wordt gekeken of deze vorm van groepstherapie geschikt is voor jou. In dit werkboek zullen we regelmatig voorbeelden aanhalen van schematherapie in de groep, hopelijk helpt dit meer een idee over groepstherapie te vormen.

Specifieke spelregels en aandachtspunten voor groepstherapie
Voor alle deelnemers van de groep geldt geheimhoudingsplicht: wat je in de groep hoort, moet je niet met anderen buiten de groep bespreken. Dit is een zeer belangrijk punt om de veiligheid in de groep te waarborgen. Om deze veiligheid te behouden, is het ook van belang dat iedere deelnemer op tijd komt en ernaar streeft alle sessies aanwezig te zijn. Als je niet kunt, zeg dan tijdig af, zodat de groepstherapeuten dit ook aan de andere deelnemers kunnen vertellen. Verder willen wij iedereen verzoeken het in de groep te melden wanneer je buiten de groep contact hebt gehad met een van de andere deelnemers. Op deze manier is het duidelijk en transparant wat er in dit contact gebeurt. Tot slot kan het gebeuren dat je tijdens een groepssessie even weg wilt gaan omdat het je teveel wordt, omdat de emoties hoog bij je oplopen. Wij willen je verzoeken dit te melden aan de groepsleden en groepstherapeuten en je vragen na een paar minuten weer in de groep terug te komen.
Verder willen wij erop wijzen dat er in een groepstherapie verschillende processen kunnen ontstaan. Deze processen ontstaan vaak vanuit de sche-

ma's en modi van de verschillende deelnemers. Zo kan het in een groep bijvoorbeeld heel stil zijn en wordt er weinig op elkaar gereageerd. Dan moet je weten dat dit niet fout is. Groepstherapie is juist een hulpmiddel om bij dit proces stil te staan en in een veilige omgeving de rol van schema's en modi te bespreken en te veranderen (zie verder Bijlage 1: Patiëntenfolder kortdurende schematherapie in dit werkboek).

1.8 Meten van het therapieproces

Aan het begin van de therapie, tussentijds en voorafgaand aan de laatste sessie wordt je gevraagd om een psychische klachtenlijst, schemavragenlijst en modivragenlijst in te vullen. De uitkomsten hiervan worden met je besproken en in een verslag gezet dat je meekrijgt. Op basis van de beginmeting wordt een top drie van hoogst scorende schema's en modi vastgesteld. Dit wordt je focus in de therapie. Daarnaast worden de uitkomsten van de tussentijdse en de eindevaluatie gebruikt voor het bespreken van de therapievoortgang.

Vignetten

Regelmatig hebben we in het boek een beschrijving gegeven van een patiënt in een bepaalde fase. Omdat dit werkboek in individuele schematherapie en in groepschematherapie gebruikt kan worden, wisselen we de vignetten af. Op deze manier hopen we je wat extra informatie te geven over wat veelvoorkomende ervaringen zijn van mensen die deze kortdurende schematherapie volgen.

Deel II   Sessie 1 tot en met 18 en follow-up

Alle huiswerkformulieren bij de sessies in dit deel zijn te downloaden via extras.springer.com.
Ga naar: extras.springer.com en toets het ISBN van het boek: 978 90 368 1583 3.

Sessie 1
Kennismaking met schema's en modi

Vaak ben je je niet bewust van je schema's en/of op welk moment ze 'getriggerd' worden. Je voelt een pijnlijke emotie en/of reageert op een manier die jij of je omgeving als niet-prettig ervaart. Het herkennen dat je schema's worden getriggerd, is een vaardigheid die je in deze vorm van schematherapie zult leren. Het herkennen van je schema's door middel van registreren is een eerste stap in het veranderingsproces. Een samenvatting schrijven over de gevolgde therapiesessie bevordert deze herkenning. In de volgende paragrafen wordt dit toegelicht.

Verschillende manieren van registreren

Een techniek die je kan helpen om schema's te herkennen, is bijhouden hoe vaak per week je last hebt gehad van je drie belangrijkste schema's. Je doet dit door middel van de 'persoonlijke ernstinschatting' (grote inlegflap Schema ernstinschatting) van je schema's. Die vul je iedere week voorafgaand aan de sessie in. We raden je aan om ook bij te houden of er veranderingen optreden in de mate waarin je last hebt van de schema's. Op deze manier krijgen je persoonlijke schema's iedere week aandacht en kunnen ze niet in stand blijven door bijvoorbeeld schemavermijding.

Voorbeeld schemagroep

Vandaag is de eerste groepssessie. De groepsleden hebben al nader met elkaar kennisgemaakt, maar iedereen zit er wat ongemakkelijk bij. De therapeuten zijn veel aan het woord en leggen het schema- en modusmodel uit. Zij vergelijken schema's met een soort griepvirus. Schema's komen vaak op ongevraagde momenten en zorgen ervoor dat je je heel rot voelt. Vervolgens vragen de groepstherapeuten iedereen om de flap uit het werkboek te halen en aan de muur te hangen (grote inlegflap Schema ernstinschatting). Tevens worden zij gevraagd om hun top drie van hoogst scorende schema's en modi op de flap te schrijven. Sabine vindt het erg moeilijk om haar schema's en modi zo zichtbaar op de flap aan de muur te hangen. Zij heeft de schema's Minderwaardigheid/schaamte en Mislukking. Zij is bang dat iedereen haar raar zal vinden. Peter heeft moeite om ernstcijfers voor zijn schema's te geven. Vanuit zijn schema Meedogenloze normen/overdreven kritisch moet hij het precies kunnen weergeven. Door zijn moeheid en somberheid kan hij nu slecht situaties van de afgelopen week terughalen.

> **Voorbeeld individuele schematherapie**
>
> Mirjam heeft vandaag haar eerste sessie individuele schematherapie. Zij heeft de schematherapeut al drie keer eerder gezien. In deze gesprekken heeft zij een terugkoppeling gekregen van de schema- en modivragenlijsten, ook heeft zij voorlichting gekregen over de schematherapie en wat mogelijk vanuit haar schema's moeilijk kan zijn in de komende therapiefase. Mirjam ziet ertegenop om weer contact op te bouwen met een therapeut. Zij houdt afstand en heeft moeite om mensen toe te laten. Haar schema's Emotionele verwaarlozing en Verlating/instabiliteit spelen hierin een rol. Als kind heeft zij met haar zusje er vaak alleen voor gestaan. Haar ouders werkten in een café en er vonden vaak onverwachtse gebeurtenissen plaats. Ze zijn regelmatig verhuisd en zij heeft een tijdje bij haar oma gewoond. Mirjam heeft geleerd om zich niet zo snel te hechten. Zij vond het prettig dat de schematherapeut iets gezegd heeft over haar moeite om andere mensen dichtbij te laten en dat zij in therapie in haar tempo de nabijheid mag opzoeken. Bij het invullen van de schemaflap realiseert zij zich dat haar schema's vaak een rol kunnen gaan spelen in het contact met de schematherapeut.

Als aanvulling op het bijhouden van de mate waarin je last hebt van je schema's en de mate van verandering adviseren we je om het schemadagboek bij te houden. Dit wordt bij sessie 2 verder uitgelegd.

Een samenvatting schrijven

In schematherapie krijg je veel informatie. Het is bekend dat informatie het best wordt onthouden wanneer je die in je eigen woorden opschrijft. Dit ga je doen aan de hand van het formulier 'Een samenvatting schrijven'. Hierin houd je bij hoeveel therapiesessies je hebt gehad en hoeveel sessies je nog maximaal kunt krijgen, en hierin noteer je een samenvatting van iedere sessie, wat je geleerd hebt van de sessie, wat je wilt vasthouden en wat je huiswerk is voor de volgende sessie. Zorgvuldig bijhouden van wat je leert, levert je meer therapiewinst op. Aan de hand van je eigen aantekeningen kun je later je kennis sneller opfrissen, kennis die specifiek op jou van toepassing is. Net als het bijhouden van een dagboek is het schrijven van een samenvatting een hulpmiddel om je persoonlijke schema's te leren herkennen.

Leren van de groep

In groepstherapie hoor je van andere deelnemers voorbeelden van schema- en modustriggering in hun dagelijks leven. Deze voorbeelden kunnen jou helpen een beter idee te vormen van de wijze waarop jouw schema's en modi in het dagelijks leven een rol spelen.

Huiswerk voor de volgende keer

- maken huiswerkformulieren 1, 2, 3 en 4;
- lezen testverslag;
- lezen tekst deel 1 en sessies 1.

HUISWERKFORMULIER 1

(s.v.p. downloaden en 18 keer kopiëren; het formulier wordt bij elke sessie gebruikt)

Een samenvatting schrijven

Schrijf in je eigen woorden een korte samenvatting van de laatste therapiesessie. Als je een sessie in eigen woorden opschrijft, blijft namelijk beter in je hoofd zitten wat belangrijk was. Het helpt je om de belangrijkste onderwerpen eruit te lichten en uit te leggen wat je ervan geleerd hebt.

Hoeveel sessies heb ik tot nu toe gehad: _____

Hoeveel sessies kan ik nog maximaal krijgen: _____

korte samenvatting van de sessie   datum:

_____

_____

_____

_____

Wat ik hiervan vast wil houden is:

_____

_____

Wat is mijn huiswerk:

_____

_____

Geef aan welke huiswerkformulieren je voor de afgelopen sessie hebt gebruikt: _____

Tip

Het kan heel verhelderend werken om een dagboek bij te houden. Hierin kun je dan opschrijven wat je die dag hebt gedaan, welke gedachten je hebt gehad en hoe je je die dag hebt gevoeld. Dit kan helpen om verbanden te leren ontdekken tussen situaties die je meemaakt en je gevoel hierbij.

HUISWERKFORMULIER 2

Mijn belangrijkste schema's:

1 _____
2 _____
3 _____

Waar staat elk schema bij mij voor?

(Schrijf in je eigen woorden op waar je schema bij jou voor staat. Gebruik hier eventueel de patiëntenfolder voor.)

Schema 1 staat voor:

_____
_____
_____

Schema 2 staat voor:

_____
_____
_____

Schema 3 staat voor:

_____
_____
_____

HUISWERKFORMULIER 3

Zelfbeeld en wereldbeeld op basis van de schema's

wereldbeeld
(hoe zie ik de wereld): _____

(hoe denk ik dat de wereld naar mij kijkt): _____

(wat denk ik dat de wereld van mij wil/verwacht): _____

coping/overlevingsmechanismen
(wat doe ik of laat ik na om mijzelf in deze wereld staande te houden):
_____
_____

zelfbeeld
(hoe zie ik mijzelf): _____
_____

(wat vind ik van mezelf): _____
_____

HUISWERKFORMULIER 4

(s.v.p. downloaden en 18 keer kopiëren, dit formulier wordt elke sessie gebruikt)

Schemaverandering bijhouden

Hieronder staan de vragen die je kunnen helpen bij het in kaart brengen van de verandering in de kracht van je schema's. Schrijf iedere week van ieder schema op in welke mate je er last van hebt gehad en wat de verandering is ten opzichte van je vorige beoordeling.

Schema _____

1 Persoonlijke ernstinschatting van het schema (vul hier in welk schema):
   _____

   Geef een ernstcijfer voor de mate waarin je de afgelopen week last had van het schema (0-10; 0 staat voor helemaal geen last gehad, 10 staat voor heel veel last gehad).

   Ernstcijfer: _____

2 Hoe vaak had je deze week last van het schema (vul hier in welk schema)?
   _____

   nooit   nogal   altijd

3 Verandering van het schema _____ ten opzichte van de vorige beoordeling:
   Welke verbetering heb je waargenomen in vergelijking met de vorige beoordeling (geef in procenten aan hoeveel het is verbeterd; 0% staat voor geen verbetering en 100% staat voor maximaal verbeterd).

   % verbetering: _____

4 Verandering van het schema _____ ten opzichte van het begin van de therapie:
   Welke verbetering heb je waargenomen in vergelijking met de vorige beoordeling (geef in procenten aan hoeveel het is verbeterd; 0% staat voor geen verbetering en 100% staat voor maximaal verbeterd).

   % verbetering: _____

Schema _____

1 Persoonlijke ernstinschatting van het schema (vul hier het schema in):
   _____

   Geef een ernstcijfer voor de mate waarin je de afgelopen week last had van het schema (0-10; waarbij 0 staat voor helemaal geen last van en 10 staat voor heel veel last van gehad).

   Ernstcijfer: _____

2 Hoe vaak had je deze week last van het schema (vul hier het schema in)?
_____?

nooit　　　　　　　　　　nogal　　　　　　　　　　altijd

3 Verandering van het schema _____ ten opzichte van de vorige beoordeling:
Welke verbetering heb je waargenomen in vergelijking met de vorige beoordeling (geef in procenten aan hoeveel het is verbeterd; 0% staat voor geen verbetering en 100% staat voor maximaal verbeterd).

% verbetering: _____

4 Verandering van het schema _____ ten opzichte van het begin van de therapie:
Welke verbetering heb je waargenomen in vergelijking met de vorige beoordeling (geef in procenten aan hoeveel het is verbeterd; dan staat 0% voor geen verbetering en 100% voor maximaal verbeterd).

% verbetering: _____

Schema _____

1 Persoonlijke ernstinschatting van het schema (vul hier het schema in):
_____

Geef een ernstcijfer voor de mate waarin je de afgelopen week last had van het schema (0-10; waarbij 0 staat voor helemaal geen last van en 10 staat voor heel veel last van gehad).

Ernstcijfer: _____

2 Hoe vaak had je deze week last van het schema (vul hier het schema in)?
_____

nooit　　　　　　　　　　nogal　　　　　　　　　　altijd

3 Verandering van het schema _____ ten opzichte van de vorige beoordeling:
Welke verbetering heb je waargenomen in vergelijking met de vorige beoordeling (geef in procenten aan hoeveel het is verbeterd; 0% staat voor geen verbetering en 100% staat voor maximaal verbeterd).

% verbetering: _____

4 Verandering van het schema _____ ten opzichte van het begin van de therapie:
Welke verbetering heb je waargenomen in vergelijking met de vorige beoordeling (geef in procenten aan hoeveel het is verbeterd; 0% staat voor geen verbetering en 100% staat voor maximaal verbeterd).

% verbetering: _____

Sessie 2
Op zoek naar schema's in mijn dagelijks leven

De therapiesessie begint met het ophangen van de flappen met de drie hoogst scorende schema's en modi (grote inlegflap Schema ernstinschatting). In de eerste sessie vraagt het invullen van cijfers meer tijd, en tijdens het invullen van deze cijfers kan er mogelijk bij jou een schema getriggerd zijn. Zie het voorbeeld van Jantine en Jos.

Voorbeeld schemagroep
Bij binnenkomst wordt door de groepstherapeuten gevraagd eerst de flap met de drie hoogst scorende schema's en modi aan de muur te hangen. Daarbij moeten de patiënten op de flap de ernstscore en het veranderingspercentage van het schema (over de afgelopen week) noteren; pas daarna start de therapiesessie. Veel groepsleden gaan meteen aan de slag. Jantine merkt dat dit haar irriteert. Zij vindt het onzin om cijfers te geven aan de problemen als gevolg van haar schema's. Ze voelt zich hierdoor niet zo serieus genomen (schema Emotionele verwaarlozing). De groepstherapeuten merken dit op. Zij zien ook dat een aantal groepsleden moeite heeft met het invullen van het veranderingspercentage. Jantine vindt het prettig dat de groepstherapeuten begripvol reageren en ook benadrukken dat emoties meer zijn dan een cijfer. Zij laten merken dat ze weten dat Jantine het laatste jaar erg worstelt met zichzelf en in contact met anderen, en hoe alleen zij hierin staat. Vervolgens leggen zij uit dat het geven van een ernstcijfer een hulpmiddel is om je bewust te worden hoe sterk een schema in het dagelijks leven aanwezig is, dat dit fluctueert en getriggerd wordt door specifieke situaties. Ook vertellen zij dat het vaak wel tien tot twintig therapiesessies duurt voordat je in je dagelijks leven je schema's herkent en in je eigen woorden kunt omschrijven. Hierdoor is het in het begin best lastig om cijfers te geven. Veel groepsleden zeggen dit gevoel te delen nadat de groepstherapeuten om hun reactie hebben gevraagd. Na deze uitleg schrijft Jantine alsnog cijfers op haar flap.

Voorbeeld individuele schematherapie
Jos is wat verlaat voor de tweede sessie individuele schematherapie. In de haast is hij vergeten zijn schemaflap mee te nemen. Hij is ervan overtuigd dat zijn schematherapeut een negatief oordeel hierover zal

hebben. Tot zijn verbazing gebeurt dat niet, echter wordt hem wel gevraagd op een nieuw vel papier zijn drie hoogst scorende schema's op te schrijven met de bijbehorende gemiddelde ernstcijfer. Na deze therapiesessie kan hij deze cijfers op zijn oorspronkelijk flap schrijven. Door weer even zo bij zijn schema's stil te staan en ook dat hij te laat voor deze schematherapie sessie was, realiseert hij zich dat het schema Gebrek aan zelfcontrole /zelfdiscipline een zeer grote rol speelt in zijn dagelijks leven. Hij heeft vaak het voornemen op tijd uit bed te gaan en verschillende activiteiten te ondernemen, echter dit schema verleidt hem om langer in bed te blijven liggen en geen situaties op te zoeken die vervelend en saai kunnen zijn. Ook zorgt dit schema ervoor dat negatieve emoties worden vermeden en dat hij deze niet deelt met anderen en zich terugtrekt.

Als aanvulling op het bijhouden van de mate waarin je last hebt van je schema's en de mate van verandering adviseren we je om een schemadagboek bij te houden. In dit dagboek beschrijf je de situaties waarin je, in meer of mindere mate, pijnlijke emoties voelt. Hierbij beschrijf je het bijbehorende gevoel, de gedachten die je hebt in die situatie, het schema dat hoort bij die gedachten en het gedrag dat je vertoont. Het bijhouden van een schemadagboek is een vorm van informatie verzamelen waarmee je schema's leert herkennen, en met die informatie kun je een begin maken met het uitdagen van deze schema's.

Voorbeeld van een schemadagboek: schemaregistratie

datum: 01-01-2017   **tijdstip:** 13.30 uur

situatie (waar ben ik? met wie? wat gebeurt er?):

Met een vriend in een lunchcafé, hij lacht nadat ik hem heb verteld over een fout die ik heb gemaakt en waarvoor ik mij schaamde.

gevoel (emotie, bijv. angst, woede, verdriet):   sterkte van het gevoel: 80%
verdriet/angst   (0–100)

automatische gedachten: geloofwaardigheid: 90%
Zie je wel, hij lacht mij uit wanneer ik hem in vertrouwen neem.   (0–100)

schema Wantrouwen/misbruik: geloofwaardigheid: 75%
                                                                   (0–100)

gedrag (hoe reageer ik?):
Met weglopen.

Tip
Bij het formuleren van automatische gedachten is het van belang de gedachten *niet* in een vraagvorm op te schrijven.

Voorbeeld:
niet: 'Zullen zij mij aardig vinden?' *wel*: 'Zij vinden mij niet aardig.'

Huiswerk voor de volgende keer:
- maken van huiswerkformulieren 1, 4 en 5;
- lezen tekst sessie 2.

HUISWERKFORMULIER 5

(Als de therapiesessies wekelijks zijn, s.v.p. dit formulier downloaden en 6 keer kopiëren. Als therapiesessies eens in de twee weken plaatsvinden dan s.v.p. 12 keer kopiëren.)

Schemadagboek: schemaregistratie

datum: _____ **tijdstip:** _____

situatie (waar ben ik? met wie? wat gebeurt er?):

_____
_____
_____

gevoel: **sterkte van het gevoel:**

☐ bang   _____ (0–100)

☐ boos

☐ bedroefd

☐ blij

automatische gedachten:

_____   **geloofwaardigheid:**

_____   _____ (0–100)

_____

schema: **geloofwaardigheid:**

   _____ (0–100)

schemagedrag (hoe reageer ik?):

(schema)overgave: _____

(schema)vermijdend: _____

(schema)overcompensatie: _____

Sessie 3
Nog beter leren herkennen van mijn schema's

Een belangrijk onderwerp in deze sessie is het nog beter leren herkennen van je schema's in het dagelijks leven. De schema's kunnen ook een grote rol spelen in het contact met de therapeut en in de groep kunnen de schema's aanwezig zijn in contact met groepstherapeuten en/of groepsleden. Zie het voorbeeld van Mark en Robbie.

Voorbeeld schemagroep
Bij het begin van de therapiesessie valt op dat Mark erg gesloten is en kritisch kijkt. De groepstherapeuten merken een spanning bij zichzelf en zien dat groepsleden hem ook in de gaten houden; zij zijn wat stil. De spanning in de groep neemt toe. Tot opluchting van de groepsleden geeft een van de groepstherapeuten aandacht aan Mark. Aanvankelijk reageert Mark afhoudend en wijst de aandacht af. Toch gaat de groepstherapeut verder; hij wil begrijpen wat er in Mark omgaat en vraagt zich af of schema's en modi hierin een rol spelen. Mark vertelt dat hij ruzie heeft gehad met zijn partner. Hij voelt zich eigenlijk heel kwetsbaar en minderwaardig, maar blijkt dit te overschreeuwen met het schema Zich rechten toe-eigenen en Wantrouwen/misbruik. Het verwijst naar zijn jeugd, waarin hij als kind altijd moest presteren en sterk moest zijn. Sabine is geraakt, en laat tranen zien. Zij vindt het ook zo moeilijk om haar kwetsbaarheid aan anderen te tonen. Sabine laat aan Mark weten dat zij het erg voor hem vindt dat hij hier zo alleen mee worstelt. Mark voelt zich erg ongemakkelijk door de aandacht en betrokkenheid van de groepstherapeuten en groepsleden, en hij sluit zich weer even af. Toch doen deze reacties hem van binnen ergens wel goed. Verder valt op dat de spanning in de groep is afgenomen.

Voorbeeld individuele schematherapie
Robbie heeft de derde sessie van zijn individuele schematherapie afgezegd. Er was zoveel aan de hand. Hij had nog wat te regelen met de gemeente, met zijn zoon waren er problemen en ook zijn moeder had hem nodig. De schematherapeut bespreekt deze situatie met Robbie. Zijn schema's Gebrek aan zelfcontrole/discipline en schema Zelfopoffering zorgen ervoor dat hij actiegericht en impulsief de veelheid aan problemen oplost waarbij hij zijn grenzen en ook die van anderen

uit het oog verliest. De schema's zorgen voor zo'n snelheid, dat Robbie ook last krijgt van veel lichamelijke onrust. De schematherapeut laat Robbie zien dat dit voorbeelden zijn van de werking van zijn schema's in relatie met zichzelf en in relatie met anderen.

Om je meer bewust te worden van wat er in het groepsproces speelt, wordt in deze sessie iedere deelnemer gevraagd een verkorte Groepsklimaatvragenlijst in te vullen. In een individuele therapie kan de Werkalliantielijst (Vertommen en Vervaeke, 1990; Stinkens et al, 2009) worden ingevuld. Na het invullen van deze vragenlijst worden de resultaten in de groep besproken. In deze therapiegroep wordt regelmatig in subgroepen gewerkt, waarbij de groepstherapeuten soms even weggaan. Zie het voorbeeld van Mark.

Voorbeeld schemagroep

Mark vindt dat de therapeuten het zich wel erg gemakkelijk maken door even weg te gaan tijdens de groepssessie. Hij vindt het een gemakkelijke manier om geld te verdienen. Zijn schema Wantrouwen/misbruik speelt hierin een rol. De groepstherapeuten vinden dit een belangrijk moment om uit te leggen wat de functie hiervan is. Voor sommige groepsleden is het werken in kleinere groepen een veiliger gelegenheid om contact te maken met andere groepsleden. Het is wel van belang dat wat in de subgroep is besproken ook weer terugkomt in de gehele groep. Daarbij leggen zij uit dat zij er regelmatig voor kiezen om vijf tot tien minuten uit de groepsruimte weg te gaan, omdat de ervaring leert dat er meer contact met elkaar ontstaat als niet alle contact via de groepstherapeut loopt. In groepstherapie gaat het juist om de ervaring in het contact met andere groepsleden en met de groepstherapeuten, en om de bewustwording van schema's en modi die hierin een rol spelen. Ten slotte leggen de therapeuten uit dat zij buiten de groepsruimte juist erg met de groep bezig zijn, en dat het hen helpt om over het proces in de groep te reflecteren, en scherper te zien wat er in de groep gebeurt en wat er verder moet gebeuren.

Huiswerk voor de volgende keer
- lezen tekst sessie 3;
- maken van huiswerkformulieren 1, 4 en 5

GROEPSKLIMAATVRAGENLIJST, GCQ-S (MacKenzie, 1983)

(alleen invullen als je deelneemt aan groepstherapie)

Een belangrijke factor in een groepsbehandeling is het groepsklimaat[1]. Wanneer er sprake is van een veilige, open sfeer, waarin groepsleden elkaar steunen, maar ook elkaar respectvol confronteren, kan het therapeutisch proces vlotter verlopen. We raden therapeuten en groepsleden dan ook aan om, onder andere door het invullen van onderstaande vragenlijst (andere manieren zijn ook mogelijk), af en toe stil te staan bij het groepsklimaat en of schema's en modi hier nog een rol in spelen.

De bedoeling van deze vragenlijst is dat je je richt op jouw indrukken van de therapiegroep als geheel. Wil je jouw mening over iedere uitspraak aangeven door het omcirkelen van een cijfer (0 tot en met 6)?

	0 Helemaal niet	6 Heel sterk
1.	De groepsleden mogen elkaar en geven om elkaar...	0 1 2 3 4 5 6
2.	De groepsleden proberen te begrijpen waarom ze doen zoals ze doen, ze proberen dit te beredeneren...	0 1 2 3 4 5 6
3.	De groepsleden vermijden het om te kijken naar belangrijke zaken die onderling spelen...	0 1 2 3 4 5 6
4.	De groepsleden beseffen het belang van wat er gebeurt; er is een sfeer van betrokkenheid...	0 1 2 3 4 5 6
5.	De groepsleden maken zich afhankelijk van de aanwijzingen van de groepsleider...	0 1 2 3 4 5 6
6.	Er is irritatie en boosheid tussen de groepsleden...	0 1 2 3 4 5 6
7.	De groepsleden houden afstand van elkaar en trekken zich van elkaar terug...	0 1 2 3 4 5 6
8.	De groepsleden dagen elkaar uit en confronteren elkaar bij hun pogingen om dingen uit te zoeken...	0 1 2 3 4 5 6
9.	De groepsleden lijken de dingen op een manier te doen waarvan ze denken dat de groep die acceptabel vindt...	0 1 2 3 4 5 6
10.	De groepsleden wantrouwen elkaar en wijzen elkaar af...	0 1 2 3 4 5 6
11.	De groepsleden onthullen gevoelige persoonlijke informatie of gevoelens...	0 1 2 3 4 5 6
12.	De groepsleden lijken gespannen en angstig...	0 1 2 3 4 5 6

---

[1] Zie voor meer informatie over het gebruik van vragenlijsten voor het bepalen van groepsklimaat en werkalliantie; R.W. Trijsburg, 2006; Trijsburg et al., 2004.

WAV-12

Verkorte werkalliantievragenlijst, Nederlandstalige versie, met toestemming opgenomen (Vertommen & Vervaeke, 1990)

(Alleen invullen als je individuele schematherapie volgt.)

Instructies

Op de volgende pagina's wordt een aantal omschrijvingen gegeven over de wijzen waarop mensen kunnen denken of voelen omtrent de relatie met hun therapeut. Onder elke uitspraak bevinden zich vijf mogelijkheden om te antwoorden: zelden of nooit/soms/dikwijls/zeer vaak/altijd.

Indien de uitspraak aangeeft hoe u zich altijd voelt (of hoe u altijd denkt), omcirkelt u de antwoordmogelijkheid 'altijd'. Als ze nooit op u van toepassing is, omcirkelt u de antwoordmogelijkheid 'zelden of nooit'. Gebruik de alternatieven tussenin om de variaties tussen deze extremen te beschrijven.

Werk snel: wij wensen uw eerste indrukken na te gaan.

Geef een antwoord op alle uitspraken. Hartelijk dank voor uw medewerking.

1.	Een resultaat van deze sessies is dat het voor mij duidelijker is hoe ik zou kunnen veranderen. zelden of nooit / soms / dikwijls / zeer vaak / altijd
2.	Wat ik doe in therapie, geeft mij een nieuwe kijk op mijn probleem. zelden of nooit / soms / dikwijls / zeer vaak / altijd
3.	Ik geloof dat mijn therapeut(e) mij aardig vindt. zelden of nooit / soms / dikwijls / zeer vaak / altijd
4.	Mijn therapeut(e) en ikzelf werken samen bij het bepalen van de doelstellingen voor mijn therapie. zelden of nooit / soms / dikwijls / zeer vaak / altijd
5.	Mijn therapeut(e) en ik respecteren elkaar. zelden of nooit / soms / dikwijls / zeer vaak / altijd
6.	Mijn therapeut(e) en ik werken naar de doelstellingen toe die we beiden goedkeuren. zelden of nooit / soms / dikwijls / zeer vaak / altijd
7.	Ik voel dat mijn therapeut(e) mij apprecieert. zelden of nooit / soms / dikwijls / zeer vaak / altijd
8.	Wij zijn het eens over wat voor mij belangrijk is om aan te werken. zelden of nooit / soms / dikwijls / zeer vaak / altijd
9.	Ik voel dat mijn therapeut(e) om mij geeft, zelfs wanneer ik dingen doe die hij/zij niet goedkeurt. zelden of nooit / soms / dikwijls / zeer vaak / altijd
10.	Ik voel dat de dingen die ik in therapie doe, mij zullen helpen om de veranderingen die ik wil, te bereiken. zelden of nooit / soms / dikwijls / zeer vaak / altijd
11.	We hebben ons een goed begrip gevormd van het soort veranderingen die goed zouden zijn voor mij. zelden of nooit / soms / dikwijls / zeer vaak / altijd
12.	Ik geloof dat de manier waarop we aan mijn probleem werken, de juiste is. zelden of nooit / soms / dikwijls / zeer vaak / altijd

Sessie 4
Gemoedstoestanden: het modusmodel

Als een schema wordt getriggerd, voel je vaak een pijnlijke emotie en/of reageer je op een manier die jij of je omgeving als niet-prettig ervaart. De wijze waarop je reageert hangt af van de gemoedstoestand waar je je op dat moment in bevindt. Zo'n gemoedstoestand wordt een 'modus' genoemd. Er zijn verschillende modi omschreven. Het leren herkennen van je eigen modi is een stap om anders met pijnlijke emoties om te gaan.

Voorbeeld schemagroep
Aan het einde van de groepssessie leggen de groepstherapeuten het modusmodel op een whiteboard uit. Leo herkent hier veel in. Hij kan heel snel van gemoedstoestand veranderen, ook tijdens de groepssessie. Hij reageert als de groepstherapeuten de groepsleden uitnodigen om een voorbeeld te geven. De Straffende ouder herkent hij sterk: hij is opgegroeid met een strenge en kritische vader, die weinig warm was. De straffende woorden en de bejegening heeft hij van zijn vader overgenomen, en nu gaat hij ook zo met zichzelf om. Veel groepsleden herkennen de Straffende ouder bij zichzelf. Sophia herkent zich meer in de modus van het Woedende kind. De groepstherapeut vraagt aan de groepsleden of zij deze modus van Sophia herkennen in de groep: is het ook non-verbaal zichtbaar? Ook benadrukt de groepstherapeut dat het Woedende kind belangrijke dingen te zeggen heeft. En dat het voor sommige mensen moeilijk is uit deze modus te stappen, waardoor zij eerder conflicten met anderen krijgen en anderen zich van hen afkeren. De emotionele behoeften van hun kwetsbare kant kunnen hierdoor verwaarloosd worden, omdat de modus van het Woedende kind ervoor zorgt dat een ander jouw behoeften niet goed hoort. Sophia is lang stil, maar vertelt dan dat zij in een gezin is opgegroeid waarin iedereen ruzie met elkaar maakte en achter haar rug om veel negatieve dingen over haar werden gezegd. Boos worden was vroeger de enige manier om zich staande te houden in het gezin. De groepsleden begrijpen nu beter dat Sophia in de therapiegroep soms de gemoedstoestand van het Woedende kind heeft.

Voorbeeld individuele schematherapie

Mirjam die sterk vanuit haar schema's Emotionele verwaarlozing en Verlating/instabiliteit afstand houdt van haar therapeut zit nu in de vierde sessie van de individuele schematherapie. Zij kijkt haar therapeut niet aan en komt bozig over. De therapeut heeft dit ook in de voorgaande sessies opgemerkt. Met behulp van het modusmodel wordt met haar gekeken welke modi herkenbaar zijn. Woedende kind is veelal een modus die anderen bij haar zien en afstand kan houden. Zij blijkt in haar binnenwereld ook een strenge en straffende kant te hebben. Deze Straffende ouder vindt haar lastig, en zegt ook dat anderen haar afwijzen als zij haar echt leren kennen. Mirjam laat even een traan zien als zij dit zo uitspreekt.

Om je nog bewuster te worden van je modi wordt in het schemadagboek nu ook gevraagd de verschillende modi te registreren op momenten wanneer er bij jou een gevoelige snaar is geraakt. In de groepssessie wordt uitleg gegeven over het schema- en modusmodel (zie figuur C) en gevraagd om een schema- en modidagboek in te vullen van een situatie in de groep in heden of verleden. Deze registratie is een hulpmiddel om vertrouwd te raken met het invullen van zo'n dagboek en je ook meer bewust te worden van de gevoelige snaren en gemoedstoestanden die in de groepscontacten getriggerd kunnen worden. Na het invullen van dit dagboek worden deze situaties in de groep gezamenlijk besproken.

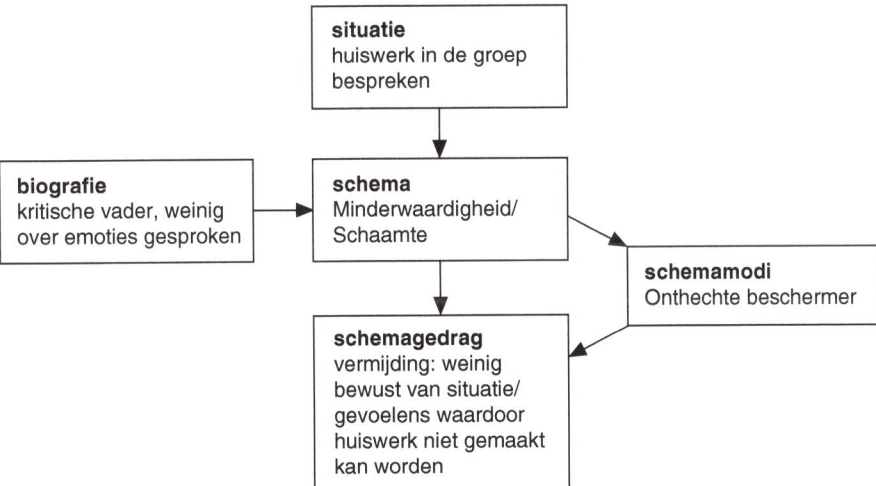

Figuur C *Schema- en modusmodel.*

Huiswerk voor de volgende keer
- lezen tekst sessie 4;
- maken van huiswerkformulieren 1, 4 en 6.

HUISWERKFORMULIER 6

(Als de therapiesessies wekelijks zijn is, s.v.p. dit formulier downloaden en 18 keer kopiëren. Als therapiesessies eens in de twee weken plaatsvinden dan s.v.p. 36 keer kopiëren.)

Schemadagboek: schemaregistratie

datum: _____   tijdstip: _____

situatie (waar ben ik? met wie? wat gebeurt er?):

_____
_____
_____

gevoel: sterkte van het gevoel:

☐ bang   _____ (0–100)

☐ boos

☐ bedroefd

☐ blij

automatische gedachten:

_____   geloofwaardigheid:

_____   _____ (0–100)

_____

schema: geloofwaardigheid:

                                                _____ (0–100)

schemagedrag (hoe reageer ik?):

(schema)overgave: _____

(schema)vermijdend: _____

(schema)overcompensatie: _____

schemamodi:

In welke gemoedstoestand(en) bevind ik mij:

☐ Kwetsbare kind   ☐ Onthechte beschermer

☐ Woedende kind   ☐ Onthechte zelfsusser

☐ Razende kind   ☐ Zelfverheerlijker

☐ Impulsieve kind   ☐ Pest- en aanval

☐ Ongedisciplineerde kind   ☐ Straffende ouder

☐ Blije kind   ☐ Veeleisende ouder

☐ Willoze inschikkelijke   ☐ Gezonde volwassene

Sessie 5
Het bestaansrecht van een schema: historische en actuele toets

Cognitieve technieken worden gebruikt om het proces van schemaverandering verder op gang te brengen. Met behulp van deze technieken leer je de schema's te bevechten zodra ze opkomen, zowel binnen als buiten de therapie. Je zult leren je irreële gedachten uit te dagen en gaan oefenen met nieuw gedrag. Met behulp van cognitieve technieken leer je negatieve emotionele overtuigingen effectief te bestrijden met rationele, zelfhelpende argumenten.

In de paragrafen hierna worden vier verschillende cognitieve technieken beschreven. In deze sessie en in de komende sessies worden van deze technieken voorbeelden gegeven.

Informatie verzamelen

Deze techniek kan bij alle voorkomende schema's worden gebruikt. Eerst worden alle bewijzen verzameld waaruit blijkt dat een schema klopt. Vervolgens wordt nagegaan welke bewijzen er zijn die het schema tegenspreken. Zijn alle bewijzen voor en tegen verzameld, dan wordt gekeken of deze vroeger golden en/of ook nu.

Voorbeeld schemagroep

Lotte is sterk overtuigd van het schema Emotionele verwaarlozing. Zij is opgegroeid in een gezin waarin zij materieel niets tekortkwam, maar er was weinig emotionele aandacht voor haar. Haar ouders waren vaak aan het werk. Zij wordt zich steeds meer bewust dat dit schema een grote rol speelt in haar huidige contacten. Zij is snel geraakt en denkt dat anderen haar niet zien of horen. Zij trekt zich dan terug uit het contact en voelt zich van binnen heel boos. In de groep wordt bij haar schema stilgestaan. Schema's hebben zich door de jaren heen gevormd en verankerd. Er zijn situaties geweest waarin ze het gelijk aan hun kant leken te hebben. Vaak worden situaties die voor het schema pleiten heel goed onthouden. In de groep wordt dit schema samen met Lotte geanalyseerd. Welke situaties in het verleden en heden pleiten vóór het schema en welke situaties pleiten tégen het schema. Hoewel er situaties zijn die het bestaan van haar schema bevestigen, zijn er ook feitelijke gebeurtenissen die het bestaan van het schema ontkrachten. Lotte heeft nooit meer bij deze gebeurtenissen stilgestaan.

Voor- en nadelenanalyse

Ook deze tweede techniek is op alle voorkomende schema's toe te passen. De voor- en nadelen van het in stand houden van een schema worden geïnventariseerd, evenals de voor- en nadelen van het veranderen van een schema.

Genuanceerd evalueren

Genuanceerd evalueren kan worden gebruikt bij zelfveroordelende gedachten (bijvoorbeeld 'ik ben slecht', 'ik ben een aansteller') of veroordelende gedachten over een ander (bijvoorbeeld 'mijn baas is niet te vertrouwen'). Er wordt je gevraagd je iemand voor de geest te halen die volgens jou sterk lijkt op bijvoorbeeld een slechte moeder of saaie partner. Vervolgens beschrijf je specifieke eigenschappen en daarna wordt onderzocht in welke mate jíj deze eigenschappen bezit.

Taartdiagram

Met deze techniek ga je onderzoeken of je schema's rondom verantwoordelijkheid en schuld reëel zijn. Deze methode wordt ook wel de taartpunttechniek genoemd.

Soms denken wij mensen weleens dat we voor alles verantwoordelijk zijn, of dat de hele wereld tegen ons is, of dat wij de enige zijn die nare dingen meemaken terwijl we veel beter verdienen. Onze schema's willen ons dit graag doen geloven. Maar de praktijk is minder zwart-wit. Om de bijdrage van jezelf en anderen in een bepaalde situatie in kaart te brengen, kun je gebruikmaken van een taartdiagram. Bedenk een situatie waarin je een gedachte had zoals hiervoor beschreven en bedenk welk schema erbij hoort. Geef een percentage voor de geloofwaardigheid van de gedachte. Noem vervolgens alle andere mensen en instanties op die ook maar enigszins te maken hebben met de situatie. Geef nu eerst al die andere mensen en instanties een stuk taart en plaats dan pas jezelf in het diagram. Kijk nu eens goed naar de taart. Hoe geloofwaardig is je gedachte nu nog?

Het gebruik van een cognitieve techniek in groepstherapie

Hierna wordt een voorbeeld beschreven van 'informatie verzamelen'.
In deze sessie wordt de techniek 'informatie verzamelen' uitgelegd, en er wordt ook aan de groepsleden gevraagd welke feitelijke gebeurtenissen in de groep tegen of voor een schema pleiten. Op deze manier wordt het duidelijker hoe je met deze techniek een schema op realiteit kunt toetsen. Tegelijkertijd is dit een hulpmiddel om je bewust te worden van het groepsproces en hier met de groep over in gesprek te gaan. Groepsleden krijgen zo beter van elkaar door hoe schema's en modi in interactie met elkaar een rol spelen.

VOORBEELD VAN INFORMATIE VERZAMELEN

Gedachte: Iedereen van wie ik houd laat me in de steek.

| schema Verlating/instabiliteit: _____ | geloofwaardigheid: 95% (0–100): _____ |

Historische toets
Noem twee ervaringen/situaties uit je verleden die het genoemde schema bevestigen.
1 Mijn ouders hebben mij in de steek gelaten.
2 Verschillende partners hebben mij verlaten.

Noem twee ervaringen/situaties uit je verleden die het genoemde schema tegenspreken.
1 Ik heb altijd een goede band met mijn zus gehad.
2 Ik heb al jarenlang dezelfde vrienden.

Actuele toets
Noem vijf ervaringen/situaties uit het heden die het genoemde schema bevestigen.
1 Mijn huidige partner is soms kwaad op me, hij wil soms alleen zijn.
2 Een vriendin is onze afspraak vergeten.
3 Mijn partner wil niet met mij trouwen.
4 Op verjaardagen lijken anderen meer in de belangstelling te staan.
5 De afgelopen dagen ben ik door niemand gebeld.

Noem vijf ervaringen/situaties uit het heden die het genoemde schema tegenspreken.
1 Ik heb tien jaar een relatie met mijn huidige partner.
2 Mijn werkgever is erg tevreden over mij.
3 Vrienden bellen mij regelmatig op om samen iets te doen.
4 Mijn partner wil samen met mij een aantal activiteiten ondernemen.
5 Een tijdje geleden heb ik een afspraak afgezegd; nadien heeft een vriendin mij gebeld voor een nieuwe afspraak.

Actuele toets in de groepstherapie
Noem drie groepservaringen/situaties uit het heden die het genoemde schema bevestigen.
1 Een groepslid was vorige week zonder afmelding afwezig.
2 Een groepssessie ging niet door omdat de therapeuten ziek waren.
3 Het groepslid dat altijd naast me zit ging twee weken terug niet naast me zitten.

Noem drie groepservaringen/situaties uit het heden die het genoemde schema tegenspreken.
1 Alle groepsleden blijven deelnemen aan de groepstherapie.
2 We praten na afloop van de groep nog even met elkaar.
3 De groep vraagt altijd naar hoe het met iemand gaat als hij een keer afwezig is geweest.

Bekijk deze ervaringen/situaties kritisch. Wat is nu de geloofwaardigheid van je schema?

| schema Verlating/instabiliteit: _____ | geloofwaardigheid: 40% (0–100): _____ |

Huiswerk voor de volgende keer
- lezen tekst sessie 5;
- maken van huiswerkformulieren 1, 4 en 6;
- maken van huiswerkformulier 7: vul dit in voor jouw drie schema's.

Gebruik voor elk schema een apart huiswerkformulier.

HUISWERKFORMULIER 7

(s.v.p. dit formulier downloaden en drie keer kopiëren)

Informatie verzamelen

Gedachte: _____

| schema _____ | geloofwaardigheid: (0–100): _____ |

Historische toets
Noem twee ervaringen/situaties uit je verleden die dit schema bevestigen.
1. _____
2. _____

Noem twee ervaringen/situaties uit je verleden die dit schema tegenspreken.
1. _____
2. _____

Actuele toets
Noem vijf ervaringen/situaties uit het heden die dit schema bevestigen.
1. _____
2. _____
3. _____
4. _____
5. _____

Noem vijf ervaringen/situaties uit het heden die dit schema tegenspreken.
1. _____
2. _____
3. _____
4. _____
5. _____

Actuele toets in de groepstherapie
Noem drie ervaringen/situaties uit het heden die het genoemde schema bevestigen.
1. _____
2. _____
3. _____

Noem drie ervaringen/situaties uit het heden die het genoemde schema tegenspreken.
1. _____
2. _____
3. _____

Bekijk deze ervaringen/situaties kritisch. Wat is nu de geloofwaardigheid van je schema?

| schema _____ | geloofwaardigheid: (0–100): _____ |

Sessie 6
Het behouden of veranderen van schema's of modi: wel of niet?

Een tweede cognitieve techniek die gebruikt kan worden om schema's te bevechten zodra ze opkomen is de voor- en nadelenanalyse. Voor ieder schema ga je onderzoeken wat de voor- en nadelen zijn van het behouden van het schema en van het veranderen van het schema. Aan het einde van deze sessie wordt een voorbeeld gegeven. Om een beter idee te krijgen van deze techniek zullen vandaag de voor- en nadelen van een schema uitgewerkt worden. Het gaat dan om een schema dat voor jou of in de groep sterk domineert. Naast het uitwerken van de voor- en nadelen van het hebben van een schema kun je deze analyse ook maken voor een van jouw modi. Naast het bespreken van de cognitieve technieken is er in elke sessie ruimte om een gebeurtenis van de afgelopen week te bespreken of wat er op dat moment gebeurt in de therapiegroep. Hierbij stilstaan is een manier om je meer bewust te worden van jouw schema's en modi.

Voorbeeld schemagroep

Sophia zit er vandaag in de groep niet goed bij. Zij is ontevreden over de therapie en dit maakt haar boos. Zij reageert fel en kritisch. Zij 'voelt zich alleen maar slechter sinds zij aan deze groep is begonnen'. De groepstherapeuten wachten even af, zodat de groepsleden eerst ruimte krijgen om te reageren, maar dat durven ze niet erg, en de spanning in de groep neemt toe. De groepstherapeuten leven erg mee met Sophia en overdenken wat nu het meest zinvol is om met haar en de groep te bespreken. Het valt op dat haar gemoedstoestanden (Woedende kind en Veeleisende ouder) ervoor zorgen dat de ander groepsleden geen contact meer met haar durven maken. Ook de therapeuten merken dit bij zichzelf. Dit is een patroon dat zich vaak voordoet in haar relaties met anderen en waar zij ook veel last van heeft. De groepstherapeuten besluiten om nu juist wel contact met haar te maken. Zij geven aan dat ze het erg vinden dat zij meer klachten ervaart. Zij confronteren haar op een respectvolle en warme manier met de Veeleisende ouder en het Woedende kind, die ervoor zorgen dat anderen bang worden, waardoor zij geen contact meer met hen krijgt. Ze zeggen dat zij en de groep het contact met haar willen houden, juist nu zij het zo moeilijk heeft. Zij vragen aan haar of zij het gewend is om in haar eentje met problemen te worstelen. Sophia zegt dat ze bang is dat anderen anders negatief over haar praten. De groepsleden stellen haar gerust. Tot slot leggen de groepstherapeuten uit dat de klachten in therapie tijdelijk kunnen toenemen omdat de patiënten zich meer bewust worden van hun diepgewortelde patronen en/of hier al wat anders mee omgaan.

Voorbeeld individuele schematherapie

In de zesde sessie van de individuele schematherapie werkt Judith de voor- en nadelen uit van haar Veeleisende ouder. Deze modus voelt voor haar goed en zeer vanzelfsprekend. Deze modus heeft haar veel in het leven gebracht. Tijdens het uitwerken van de voor- en nadelen van deze modus wordt zij zich meer bewust van de wijze waarop de Veeleisende ouder met haar omgaat. Deze modus houdt op geen enkele manier rekening met haar emotionele kernbehoeften en ook niet met haar lichamelijke kwetsbaarheden. Judith heeft last van ernstige eczeem en is door deze klacht sneller moe in het dagelijks leven. De Veeleisende ouder zorgt voor meer lichamelijke spanning en dat haar eczeemklachten kunnen toenemen. Zij was zich hiervan nog niet bewust.

VOORBEELD VAN EEN VOOR- EN NADELENANALYSE: HET VERANDEREN VAN JE HUIDIGE SCHEMA'S

Het hebben van een niet-helpend schema
Voordelen van het schema Afhankelijkheid/incompetentie
1. steun/aandacht
2. geruststelling/goedkeuring/verzorging
3. voorkomen van instorten
4. weinig alleen
5. hoef mijn eigen geld niet te verdienen

Nadelen van het schema Afhankelijkheid/incompetentie
1. afname van zelfvertrouwen
2. afname van zelfstandigheid/bewegingsvrijheid
3. toename van hulpeloosheid/besluiteloosheid
4. bij iemand blijven die mij slecht behandelt
5. minder nieuwe uitdagingen

Het veranderen van een niet-helpend schema
Voordelen van veranderen van het schema Afhankelijkheid/incompetentie
1. trotser op mezelf
2. meer bewegingsvrijheid
3. op langere termijn meer zelfrespect/zelfvertrouwen
4. partner/vrienden die mijn afhankelijkheid niet vergroten
5. minder machteloos gevoel

Nadelen van veranderen van het schema Afhankelijkheid/incompetentie
1. op korte termijn meer angst
2. me moeten verzetten tegen de neiging me door een ander te laten verzorgen
3. het alleen verdragen van de angst/onzekerheid
4. minder aandacht
5. mijn relatie verbreken

Bekijk de voor- en nadelen van je huidige schema kritisch. Bedenk of je het wilt veranderen. Als je het wilt veranderen, sta dan ook stil bij wat het je kost en wat het je oplevert wanneer je het schema inderdaad gaat veranderen.

Ga je het schema Afhankelijkheid/incompetentie veranderen?

☐ ja ☐ nee

Huiswerk voor de volgende keer
- lezen tekst sessie 6;
- maken van huiswerkformulieren 1, 4 en 6;
- maken van huiswerkformulier 8: vul het in voor jouw drie schema's.

Gebruik voor elk schema een apart huiswerkformulier.

HUISWERKFORMULIER 8

(s.v.p. dit formulier downloaden en drie keer kopiëren)

Als alternatief kun je ook een voor- en nadelenanalyse van een van jouw modi maken

Voor- en nadelenanalyse: je huidige schema's veranderen

Het hebben van een niet-helpend schema

Welke voordelen biedt het schema (*hier je schema invullen*) _____?

1. _____
2. _____
3. _____
4. _____
5. _____

Welke nadelen biedt het schema (*hier je schema invullen*) _____?

1. _____
2. _____
3. _____
4. _____
5. _____

Het veranderen van een niet-helpend schema

Welke voordelen heeft het wanneer je het schema (*hier je schema invullen*) ____ verandert:

1. _____
2. _____
3. _____
4. _____
5. _____

Welke nadelen heeft het wanneer je het schema (*hier je schema invullen*) ____ verandert:

1. _____
2. _____
3. _____
4. _____
5. _____

Bekijk de kosten en baten van je huidige schema kritisch. Bedenk of je het wilt veranderen. Als je het schema wilt veranderen, sta dan ook stil bij wat het je kost en wat het je oplevert wanneer je het schema inderdaad gaat veranderen.

Ga je het schema (*hier je schema invullen*) _____ veranderen?

☐ ja   ☐ nee

Sessie 7
Zelfveroordeling: de strijd aangaan tegen schema's en modi

Genuanceerd evalueren is een cognitieve techniek om te onderzoeken of de inhoud van een schema klopt en helpt jou op zoek te gaan naar de nuance. Het gaat vooral om die schema's die jou een negatief oordeel geven. Ook in deze sessie is er ruimte om stil te staan bij de rol van schema's en modi in het contact met elkaar.

Voorbeeld schemagroep
In het eerste half uur van de groepssessie, waarin ruimte is om problemen en/of situaties in te brengen, laat Marc weten dat hij het heel vervelend vindt dat Sandra al voor de derde keer afwezig is. Hij vindt dat de groepstherapeuten strengere maatregelen moeten nemen. De groepstherapeuten wachten eerst de reactie van de andere groepsleden af, en die vinden de afwezigheid van Sandra ook vervelend. De reden dat de groepstherapeuten niet meteen iets zeggen, is dat zij de groepsleden ruimte willen geven om eerst op elkaar te reageren in plaats van dat het contact alleen via hen loopt. Op deze manier kan ieder groepslid leren van meerdere contacten en niet alleen van het contact met de groepstherapeuten. De ervaring leert dat groepsleden elkaar heel goed begrijpen. Ook kan een groepslid vaak iets zeggen wat veel meer treft dan de therapeuten.
De groepstherapeuten geven aan dat zij Sandra missen in de groep en het heel jammer vinden dat zij er niet is: zij hoort bij de groep. De problemen en ervaringen als gevolg van haar afwezigheid worden erkend. Zij vragen de groepsleden om de volgende keer met Sandra te bespreken wat zij ervaren bij haar afwezigheid. Mogelijk spelen haar schema's en modi een rol in haar afwezigheid. De groepsleden kunnen haar helpen door dit met haar bespreekbaar te maken. Ook wordt stilgestaan bij de schema's en modi van de groepsleden. Weerhouden deze hen ervan om gevoelens in het contact met elkaar bespreekbaar te maken?

Voorbeeld individuele schematherapie
Leonie bespreekt in de individuele schematherapie een situatie waarna zij zich erg somber voelde. Zij had na deze gebeurtenis een lichte toename van suïcidale gedachten. Zij had gekookt en zat aan tafel met

haar man en kinderen. De kinderen vonden het eten niet lekker en zaten flink te mopperen. Zij kan het gedrag van haar kinderen wel nuanceren, maar de Straffende ouder bleef maar zeggen dat zij geen goede moeder is. Er wordt voorgesteld om deze gedachte van de Straffende ouder te onderzoeken met de cognitieve techniek 'genuanceerd evalueren'.

Hierna volgt een voorbeeld van de techniek 'genuanceerd evalueren'.

VOORBEELD VAN GENUANCEERD EVALUEREN

(veroordelende gedachten over mezelf of anderen)

Legenda (naam van de persoon of het cijfer voor die persoon):
De ander (1) : mijn moeder
De ander (2) : mijn schoonmoeder
Zelf (3)   : Leonie

opvatting ten aanzien van mezelf:
'ik ben geen goede moeder' vóór evaluatie
geloofwaardigheid

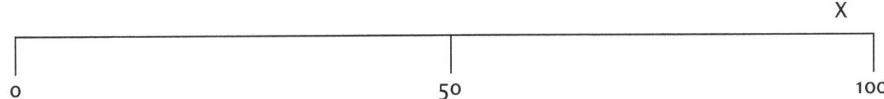

Noem zo veel mogelijk gedragingen die bij de opvatting 'goede moeder' passen:

1 helpen bij huiswerk   5 structuur aanbrengen
2 eten klaarmaken   6 een knuffel geven
3 troosten   7 niet aan alle behoeften toegeven
4 af en toe een spelletje doen 8 hygiëne in acht nemen

Plaats jezelf en anderen voor elk van deze gedragingen op een schaal van 0 tot 100 (100 = gedraging is in sterke mate aanwezig; 0 = gedraging komt niet voor).

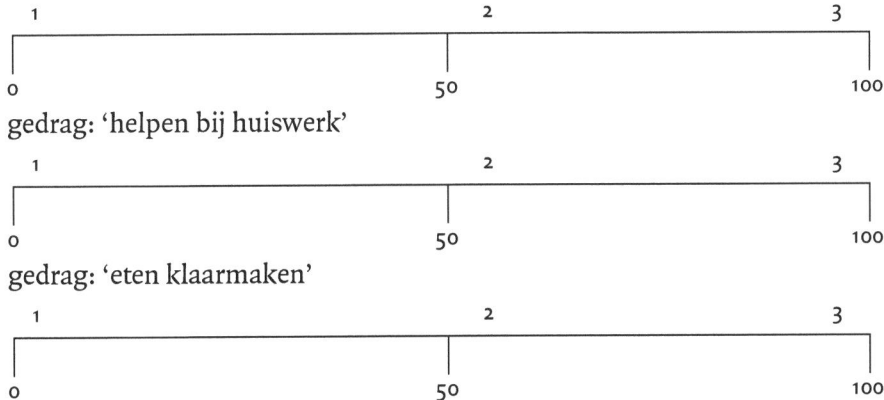

gedrag: 'troosten'

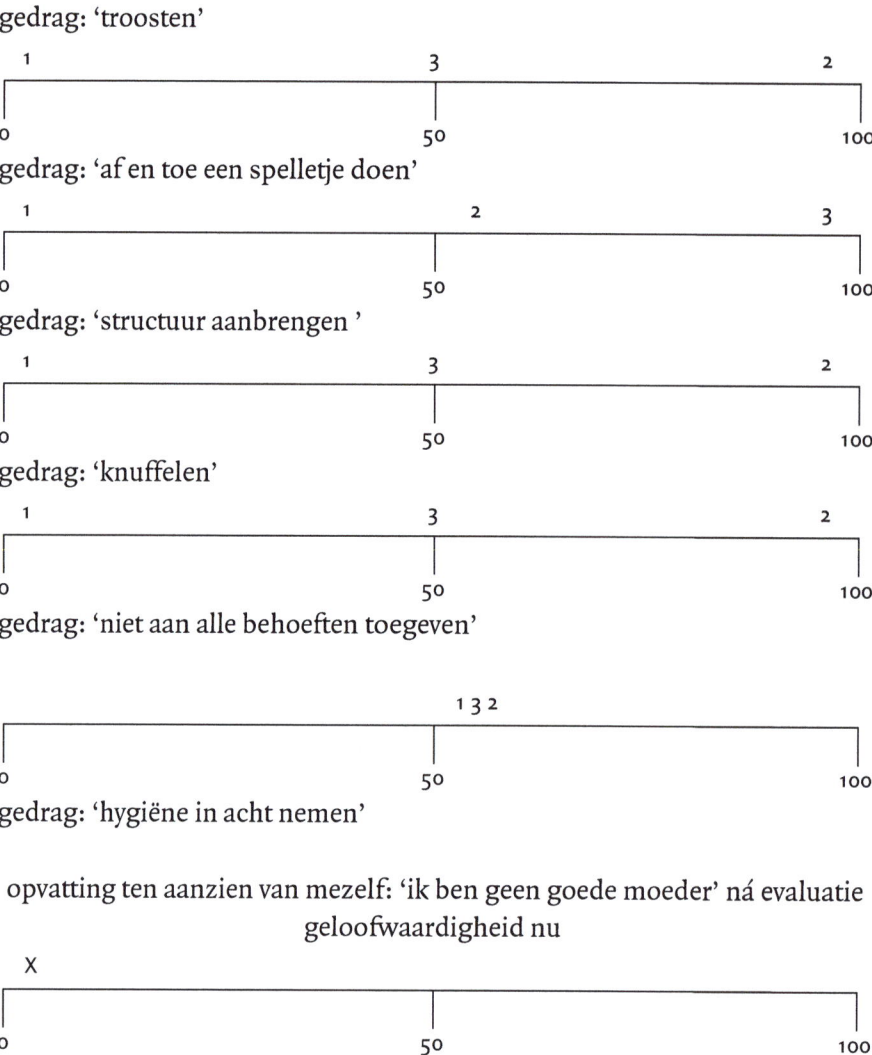

gedrag: 'af en toe een spelletje doen'

gedrag: 'structuur aanbrengen'

gedrag: 'knuffelen'

gedrag: 'niet aan alle behoeften toegeven'

gedrag: 'hygiëne in acht nemen'

opvatting ten aanzien van mezelf: 'ik ben geen goede moeder' ná evaluatie geloofwaardigheid nu

Huiswerk voor de volgende keer
- lezen tekst sessie 7;
- maken van huiswerkformulieren 1, 4, 6 en 9.

HUISWERKFORMULIER 9

Genuanceerd evalueren
(veroordelende gedachten over mezelf of anderen)

Legenda (naam persoon + symbool):
De ander 1: _____
De ander 2: _____
Zelf 3 : _____

opvatting ten aanzien van mezelf: _____

```
                    geloofwaardigheid nu
   |────────────────────────|────────────────────────|
   0                        50                      100
```

Noem zo veel mogelijk gedragingen bij de zojuist genoemde opvatting:

1. _____   5. _____
2. _____   6. _____
3. _____   7. _____
4. _____   8. _____

Plaats jezelf en anderen voor elk van deze gedragingen op een schaal van 0 tot 100 (100 = gedrag is in sterke mate aanwezig, 0 = gedrag komt niet voor)

```
   |────────────────────────|────────────────────────|
   0                        50                      100
```
gedrag: _____

```
   |────────────────────────|────────────────────────|
   0                        50                      100
```
gedrag: _____

```
   |────────────────────────|────────────────────────|
   0                        50                      100
```
gedrag: _____

```
   |────────────────────────|────────────────────────|
   0                        50                      100
```
gedrag: _____

```
   |────────────────────────|────────────────────────|
   0                        50                      100
```
gedrag: _____

```
0                    50                   100
```

gedrag: _____

```
0                    50                   100
```

gedrag: _____

```
0                    50                   100
```

gedrag: _____

opvatting ten aanzien van mezelf: _____

geloofwaardigheid nu
```
0                    50                   100
```

Tip

Zo nodig kun je een vertrouwd iemand in je omgeving vragen hoe hij/zij jou ziet, wat hij/zij jou op bovenstaande gedragingen voor score zou geven, en hoe hij/zij zichzelf zou scoren.

Je kunt ook aan andere groepsleden vragen hoe zij jou zien en wat voor score zij jou op bovenstaande gedragingen zouden geven en hoe zij zichzelf zouden scoren.

Sessie 8
Zelfveroordeling:
Nog meer tegengif bieden aan schema's en modi

In deze sessie wordt verder gewerkt met de cognitieve techniek genuanceerd evalueren. Aan groepsleden wordt gevraagd hoe zij jou zien en waar zij jou zouden scoren op het gedrag dat jij eerder op het huiswerkformulier 'genuanceerd evalueren' voor jezelf hebt genoteerd. De scores die zij jou geven worden besproken in de groep.

Tevens is er aandacht voor het groepsproces. Schema's en modi willen graag in hun comfortzone blijven, dat wil zeggen: op hun oude manier reageren. Ook het contact met de groepsleden en het hierbij stilstaan kunnen jou helpen om je bewust te worden van de rol van schema's en modi, en inzicht geven in de manier om die te doorbreken.

Voorbeeld schemagroep

Sandra is vandaag na drie keer afwezigheid weer bij de sessie. Eerst worden de flappen met de drie hoogst scorende schema's ingevuld en opgehangen. Er is spanning in de groep, en Sandra zit er gesloten bij. Sophia wil graag vertellen over de afgelopen week. Mark onderbreekt haar: er zou toch worden teruggekomen op de afwezigheid van Sandra? Hij kijkt de groepstherapeuten aan. Sophia, die het schema Wantrouwen/misbruik heeft, laat nu merken dat zij hulp nodig heeft van de groep, dat is voor haar een nieuwe, betekenisvolle stap. Net als Sandra is ook zij een belangrijk onderdeel van de groep. Ook vinden de therapeuten het belangrijk aandacht te hebben voor Sandra, en de groep te laten vertellen wat zij in het contact ervaren als Sandra vaak afwezig is. Zij leggen uit wat Sandra's schema van Gebrek aan zelfbeheersing/zelfdiscipline in het contact met anderen doet en in het contact met zichzelf. Dit schema kan voor instabiliteit en onveiligheid in het contact en in de groep zorgen, waardoor andere onderwerpen niet goed meer kunnen worden besproken. Om die reden stellen zij voor de afwezigheid van Sandra als eerste te bespreken. De groepstherapeuten geven ruimte aan de andere groepsleden om met Sandra uit te wisselen wat zij ervaren met betrekking tot haar afwezigheid. Veel groepsleden missen haar. Ruth zegt dat zij veel onrust ervaart als iemand afwezig is; zij heeft het schema Verlating/instabiliteit. Zo was het vroeger in haar jeugd ook: op onvoorspelbare momenten was haar moeder een paar dagen weg. Sandra is er zich helemaal niet bewust van dat haar schema zo veel doet met anderen. Dit groepsgesprek gaat nog even door, waarbij opvalt dat de spanning afneemt en de groepsleden zich weer met elkaar verbonden voelen. Daarna is er nog aandacht voor Sophia, maar zij kiest ervoor haar probleem een andere keer in te brengen. Het onderwerp dat nu is besproken heeft haar geraakt, en zij voelt nu een sterke band met de groep.

Huiswerk voor de volgende keer
- lezen tekst sessie 8;
- maken van huiswerkformulieren 1, 4 en 6;
- huiswerkformulier 9 door een vertrouwd iemand laten invullen.

Sessie 9
Groot verantwoordelijkheidsgevoel en schuld: beïnvloeden van schema's en modi

Een andere techniek om een schema te bevechten en op realiteit te toetsen is het taartdiagram. Deze techniek kun je gebruiken wanneer een schema jou of de ander vooral schuldig en verantwoordelijk laat voelen voor een gebeurtenis of situatie.

De tussentijdse evaluatie van de therapie komt dichtbij. Kijk eens met een open en nieuwsgierige houding naar jouw veranderingspercentage op de flap. Spelen schema's een rol in het gegeven veranderingspercentage?

Voorbeeld schemagroep
Sabine, die het schema Mislukking heeft, geeft op haar flap opnieuw een laag veranderingspercentage aan. Dit punt is al eerder met de groep besproken. Groepsleden vinden juist dat zij stappen vooruit zet. Zij heeft een keer met haar man gesproken over haar problemen, wat moeilijk voor haar is vanwege het schema Minderwaardigheid/schaamte. Ook geven de groepsleden aan dat zij wat zichtbaarder in de groep is geworden. Dat zij meer laat zien waarmee zij worstelt. Sabine reageert met te benadrukken wat er *niet* goed gaat. De groepstherapeut vraagt aan Sabine of nu het schema Mislukking aan het woord is. Dit schema ziet nooit de goede stappen, alleen wat er fout gaat. Zorgt dit schema ervoor dat het veranderingspercentage laag blijft?

Voorbeeld individuele schematherapie
Renate voelt zich schuldig nu zij een keer met haar partner gedeeld heeft over haar emoties. Haar partner ervaart de afgelopen week veel spanning en stress. Renate heeft steeds het idee dat het haar schuld is dat hij zich zo voelt. Deze gedachte komt voor uit het schema Zelfopoffering. In de individuele schematherapie stelt de therapeut voor om deze gedachte met een andere cognitieve techniek te onderzoeken, namelijk het taartdiagram.

VOORBEELD VAN EEN TAARTDIAGRAM

(schuldgevoelens, verantwoordelijkheid en woede)

Gedachte: ik heb bij mijn partner mijn emoties geuit. Dat hij veel last van stress heeft, zal wel komen omdat ik aandacht vroeg voor mijn emoties. Ik had beter aandacht kunnen besteden aan zijn problemen.

schema Zelfopoffering: _____	geloofwaardigheid (0–100): 100% _____

Noem alle andere mensen en instanties op die mogelijk verantwoordelijk voor of schuldig aan een bepaalde gebeurtenis zijn. Probeer zo veel mogelijk anderen te bedenken. Vraag desnoods na in je omgeving wie nog meer schuldig aan of verantwoordelijk voor de situatie kan zijn (denk bijvoorbeeld ook aan regels die door overheid of justitie zijn bepaald).

1 reorganisatie werk
2 belastingformulier
3 wasmachinekraan lek
4 kritiek van collega
5 gesprek over mijn probleem/emoties
6 auto voor de derde keer naar de garage
7 dagelijks in de file
8 ik (mijn bijdrage)

Geef nu eerst alle anderen een stuk van de taart en geef vervolgens jezelf een stuk van de taart.

Figuur D *Taartdiagram*

Kijk nu kritisch naar de verschillende taartpunten. Wat is nu de geloofwaardigheid van je schema?

| schema Zelfopoffering: _____ | geloofwaardigheid nu (0–100): 20% _____ |

Huiswerk voor de volgende keer
- lezen tekst sessie 9;
- maken van huiswerkformulieren 1, 4, 6 en 10.

HUISWERKFORMULIER 10

Een taartdiagram

(schuldgevoelens, verantwoordelijkheid en woede)
gedachte: _____
schema: _____ geloofwaardigheid: _____ (0–100)

1 Noem alle andere mensen en instanties op die mogelijk verantwoordelijk voor of schuldig aan een bepaalde gebeurtenis zijn. Probeer zo veel mogelijk anderen te bedenken. Vraag desnoods na in je omgeving wie nog meer schuldig aan of verantwoordelijk voor de situatie kan zijn (denk bijvoorbeeld ook aan regels die door overheid of justitie zijn bepaald):

1 _____ 5 _____
2 _____ 6 _____
3 _____ 7 _____
4 _____ 8 _____

2 Geef nu eerst alle anderen een stuk van de taart en geef vervolgens jezelf een stuk van de taart.

Bekijk de taartpunten kritisch. Wat is nu de geloofwaardigheid van je schema?

schema: _____ geloofwaardigheid: _____ (0–100)

Sessie 10
Nog meer tegen schema's invechten

In deze sessie wordt verder aandacht besteed aan het taartdiagram (cognitieve techniek). Dit is de laatste cognitieve techniek die in dit werkboek wordt besproken. Na deze sessie volgt een tussentijdse evaluatie en daarna worden andere technieken uitgewerkt. Met deze technieken kun je nog meer tegengif aan jouw schema's geven.

Voorbeeld schemagroep
Vandaag wordt het huiswerk nabesproken in subgroepen. Aan de groepsleden wordt gevraagd om het taartdiagram met elkaar te bespreken. De groep vindt dit niet zo nodig, zij besteden liever tijd aan de problemen van de afgelopen week. Zij benadrukken het belang van de technieken om de schema's uit te dagen. Ook het taartdiagram kan heel goed als tegengif voor de schema's werken. Sandra meldt dat zij haar huiswerk niet gemaakt heeft (schema Gebrek aan zelfbeheersing/zelfdiscipline). Ook Mark heeft het niet gedaan. Toch houden de groepstherapeuten vast aan hun plan. Om het bespreken van huiswerk levendiger te maken wordt aan iedere subgroep gevraagd een taartdiagram van een van de subgroepsleden op een flap te zetten en zo nodig verder uitwerken. Deze flap wordt straks in de grote groep gepresenteerd. Er wordt aanvankelijk wat tegengesputterd, maar tijdens het werken in subgroepen blijkt er toch veel activiteit en samenwerking. Sabine, die vanwege haar schema Minderwaardigheid/schaamte veel moeite heeft om naar buiten te treden, heeft zelfs een flap aan de grote groep gepresenteerd. Door deze presentatie heeft zij op een andere manier tegengif gegeven aan dit schema.

Huiswerk voor de volgende keer
- lezen tekst sessie 10;
- klachtenlijst, schema- en modivragenlijsten invullen en inleveren;
- maken van huiswerkformulieren 1, 4 en 11.

HUISWERKFORMULIER 11

Evaluatieformulier

Dit evaluatieformulier geeft je de gelegenheid om te bepalen in welke mate je een verandering hebt gerealiseerd. Je krijgt zo een overzicht van wat je al bereikt hebt en waar je nog op kunt letten.

Het is de bedoeling dat je op dit formulier de ernstinschatting van je schema's, die je per week hebt bijgehouden, in de grafiek weergeeft. Het is aan te raden om per schema een andere kleur potlood of pen te gebruiken, zodat je de mate van verandering die heeft plaatsgevonden gemakkelijker kunt zien. Doe hetzelfde voor de tijd in uren die je per week hebt besteed aan het op een negatieve manier bezig zijn met je schema's.

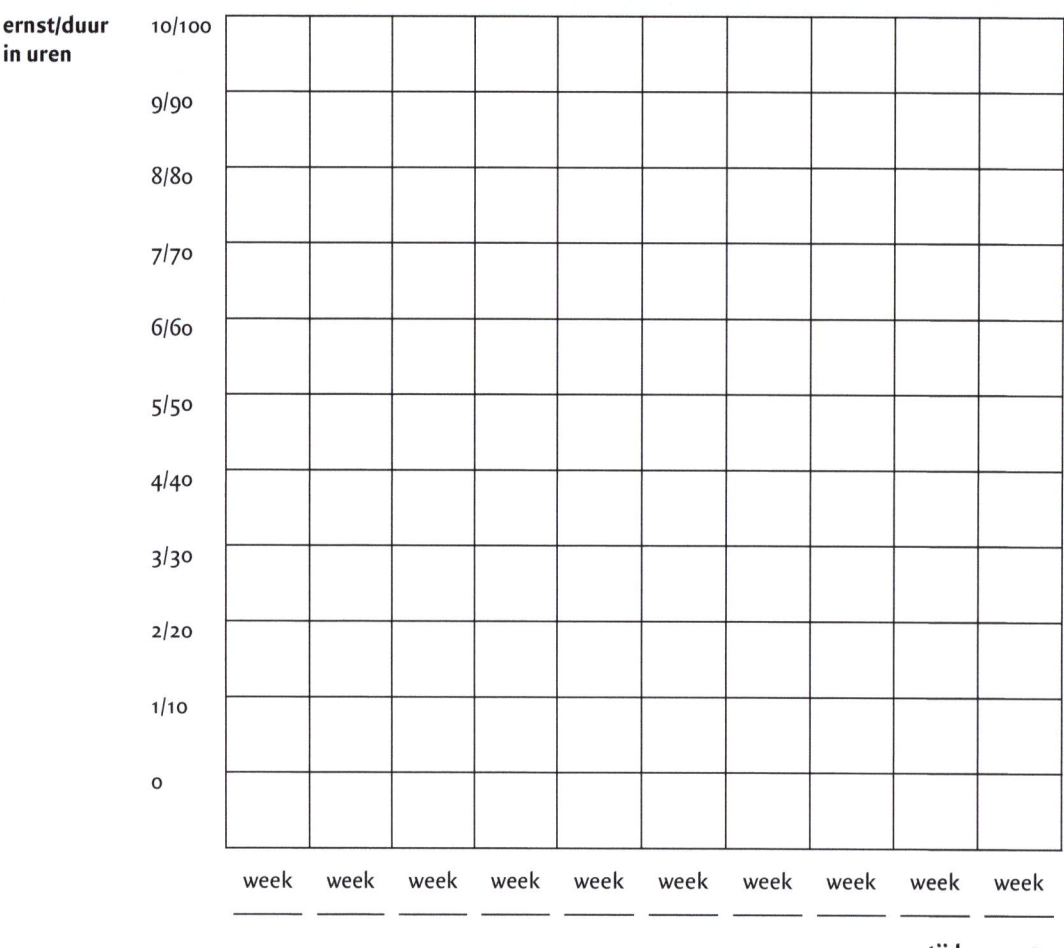

Als je de grafiek goed bekijkt, wat valt je dan op?
Hebben er veranderingen plaatsgevonden?

In hoeverre vind je dat je schema's veranderd zijn ten opzichte van het begin van de therapie?
- ☐ heel veel verbeterd
- ☐ veel verbeterd
- ☐ iets verbeterd
- ☐ geen verandering
- ☐ iets slechter
- ☐ veel slechter
- ☐ heel veel slechter

Het gaat hier om een tussentijdse evaluatie. Vind je dat je resultaat boekt met deze schematherapie?
☐ ja   ☐ nee

Wat zou je nog meer kunnen doen om het therapieresultaat te vergroten?

_____
_____
_____

Hoe kan de groep jou helpen om het therapieresultaat te vergroten?

_____
_____
_____

Hoe kunnen de groepstherapeuten je stimuleren om te werken aan jouw therapiedoelen?

_____
_____
_____

Sessie 11
Tussentijdse evaluatie en de toekomstige aandachtspunten

Vandaag staat in de therapiesessie de tussentijdse evaluatie centraal. Daarbij wordt tevens besproken wat belangrijke toekomstige aandachtspunten zijn voor zowel binnen als buiten de therapiesessies.

Voorbeeld schemagroep
Iedereen in de groep heeft afgelopen week een individueel gesprek gevoerd met een van de groepstherapeuten. In deze sessie worden de resultaten van de vragenlijsten teruggekoppeld. Manon laat op de vragenlijsten deels vooruitgang zien, maar toch valt haar en de groepstherapeuten op dat zij weinig emotioneel contact maakt met de groepsleden en groepstherapeuten. Zij zit nog veel in de modus Onthechte beschermer. Het is haar ook opgevallen dat de groep haar weinig vragen stelt en dat de groep regelmatig moeizaam op gang komt. Tijdens de sessie laten de groepstherapeuten iedereen nog een andere vragenlijst invullen, die gaat over de groepsinteractie (Groepsklimaatvragenlijst). In verschillende subgroepen moeten zij de scores bespreken. Niemand was er zich erg van bewust, maar allen geven aan dat er weinig vragen aan elkaar gesteld worden, dat zij weinig irritaties tegenover elkaar uitspreken. Zij bespreken ook hoe dit komt. Manon geeft in haar subgroepje aan dat zij het heel erg eng vindt om haar kwetsbaarheid te laten zien, waarbij het schema Minderwaardigheid/schaamte een rol speelt. Een groepsgenoot herkent dit. Bij de bespreking in de grote groep spreken de leden met elkaar af dat zij meer vragen aan elkaar zullen stellen en meer van zichzelf zullen laten zien. Dit kan voor hen een manier zijn om tegengif toe te dienen aan hun schema's en om in de groep op een andere wijze met contact te oefenen.

Voorbeeld individuele schematherapie
Na tien sessies individuele schematherapie heeft Judith opnieuw vragenlijsten ingevuld en een terugkoppeling van de testresultaten gekregen. Zij is zich meer bewust van haar schema Meedogenloze normen/overmatig kritisch en schema Zelfopoffering. Als de schematherapeut aan haar vraagt welke deeltechniek binnen de schematherapie haar tot nu toe het best heeft geholpen, moet zij even nadenken. De schema- en moditermen was voor haar een hulpmiddel om te verwoorden wat

er in haar emotionele binnenwereld afspeelt. Voor haar werkte het krachtig toen de schematherapeut haar stil liet staan bij de therapeutische relatie. Haar schema's spelen een belangrijke rol in dit contact. Zij werd op een warme manier hiermee geconfronteerd. De schema's Meedogenloze normen/overmatig kritisch en het schema Zelfopoffering zorgt voor aangepast gedrag waarbij haar emotionele kernbehoeften en emoties onzichtbaar voor de ander zijn.

Je hebt gedurende de therapie geleerd beter te herkennen hoe jouw schema's worden getriggerd en ook hoe je op je schema's reageert. Daarnaast heb je technieken geleerd om je schema's uit te dagen. Om nog meer greep te krijgen op je schema's ga je nu leren om nieuwe gedachten te formuleren. Deze nieuwe (zelfhelpende) gedachten, de Gezonde volwassene, gebruik je in situaties waarin een schema getriggerd wordt of dreigt te worden getriggerd. Het helpt de geloofwaardigheid van je schema te verminderen.
Het formuleren van de gedachten doe je onder andere met behulp van het uitgebreide schemadagboek (zie het hier gegeven voorbeeld). In dit nieuwe schemadagboek ga je een aantal stappen verder dan in een eerdere fase in de therapie. Je beschrijft je schema en je gedachten die ontstaan in een bepaalde situatie, maar je gaat het schema en de bijbehorende gedachten ook uitdagen. Je gaat ze vervangen door gedachten die reëler zijn. Je gaat ook bijhouden hoe geloofwaardig een gedachte is. Wij raden je aan het schemadagboek goed bij te houden, zodat je schema's steeds minder greep op jou kunnen krijgen!

Voorbeeld van een schemadagboek: schemaregistratie

Datum: 3 januari 2017 **Tijdstip: 16.00 uur**

situatie (waar ben ik? met wie? wat gebeurt er?):
Ik kon er niet zijn voor een vriend toen hij met een probleem zat, ik had namelijk thuis visite.

gevoel (emotie, bijv. angst, woede, verdriet): sterkte van het gevoel (0–100): 95%
angst

automatische gedachten: geloofwaardigheid (0–100): 90%
Hij zal me een egoïst en slecht vinden.
Hij zal me afwijzen.
Hij zal het in zijn eentje niet redden.

schema: geloofwaardigheid (0–100): 85%
'Zelfopoffering:

gedrag (hoe reageer ik?):
Piekeren, navraag doen bij anderen of ik er goed aan heb gedaan; de vriend vanavond terugbellen, terwijl mij dat eigenlijk ook niet goed uitkomt.

uitdaging: Wat is het antwoord op deze vragen

Stel kritische vragen over de automatische gedachten
Heeft deze vriend/hebben anderen mij eerder een egoïst genoemd?
Zijn anderen een egoïst als zij iemand niet meteen hulp geven?
Wat is het bewijs dat deze vriend afwijzend reageert?

uitdaging: Wat is het antwoord op deze vragen

Stel kritische vragen over het schema.
Welke voor- en nadelen heeft het schema Zelfopoffering?

Wat is het antwoord op deze vragen?

Nee, zij vinden mij vaak aardig/sociaal.

Nee.

Geen; hij bleef aardig tegen mij doen, ook al vond hij het jammer.

Wat is het antwoord op deze vragen?

Nadeel: als ik dit schema in stand houd raak ik opnieuw uitgeput/somber. Voordeel: mensen zijn mij dankbaar, de kans op kritiek is kleiner.

rationele gedachten:
Ik kan de gedachten van een ander niet invullen. Vroeger moest ik onderdanig zijn, maar nu ik volwassen ben hoeft dat niet meer.

geloofwaardigheid: 75%

resultaat:
geloofwaardigheid van automatische gedachten (0–100): 85%
geloofwaardigheid van het schema (0–100): 80%
effect op het gevoel (0–100): 70%

Emotionele kernbehoefte die bij mijn schema hoort:
Dat de ander helpt om evenwicht te behouden in de belangrijkheid van elkaars persoonlijke behoeften (zie bijlage 1, tabel 3). Goed om mensen om mij heen te zoeken die mij hierbij helpen.

nieuw gedrag:
Hoe had ik de situatie beter kunnen aanpakken als ik uitga van de rationele gedachte?

Grens aangeven heb ik goed gedaan; na het stellen van grenzen is het niet nodig deze vriend alsnog zo snel mogelijk hulp te bieden.

Huiswerk voor volgende keer
- lezen tekst sessie 11;
- maken van huiswerkformulieren 1, 4, 12 en 13.

Groepsklimaatvragenlijst, GCQ-s (MacKenzie, 1983)[1]

(alleen invullen als je deelneemt aan groepstherapie)

De bedoeling van deze vragenlijst is dat je je richt op jouw indrukken van de therapiegroep als geheel.
Wil je jouw mening over iedere uitspraak aangeven door het omcirkelen van een cijfer (0 tot en met 6).

	0 Helemaal niet	6 Heel sterk
1.	De groepsleden mogen elkaar en geven om elkaar...	0 1 2 3 4 5 6
2.	De groepsleden proberen te begrijpen waarom ze doen zoals ze doen, ze proberen dit te beredeneren...	0 1 2 3 4 5 6
3.	De groepsleden vermijden het om te kijken naar belangrijke zaken die onderling spelen...	0 1 2 3 4 5 6
4.	De groepsleden beseffen het belang van wat er gebeurt; er is een sfeer van betrokkenheid...	0 1 2 3 4 5 6
5.	De groepsleden maken zich afhankelijk van de aanwijzingen van de groepsleider...	0 1 2 3 4 5 6
6.	Er is irritatie en boosheid tussen de groepsleden...	0 1 2 3 4 5 6
7.	De groepsleden houden afstand van elkaar en trekken zich van elkaar terug...	0 1 2 3 4 5 6
8.	De groepsleden dagen elkaar uit en confronteren elkaar bij hun pogingen om dingen uit te zoeken...	0 1 2 3 4 5 6
9.	De groepsleden lijken de dingen op een manier te doen waarvan ze denken dat de groep die acceptabel vindt...	0 1 2 3 4 5 6
10.	De groepsleden wantrouwen elkaar en wijzen elkaar af...	0 1 2 3 4 5 6
11.	De groepsleden onthullen gevoelige persoonlijke informatie of gevoelens...	0 1 2 3 4 5 6
12.	De groepsleden lijken gespannen en angstig...	0 1 2 3 4 5 6

---

[1] Zie voor meer informatie over het gebruik van vragenlijsten voor het bepalen van groepsklimaat en werkalliantie; R.W. Trijsburg, 2006; Trijsburg et al, 2004. Universiteit Rotterdam (rapport).

WAV-12

Verkorte werkalliantievragenlijst, Nederlandstalige versie, met toestemming opgenomen (Vertommen & Vervaeke, 1990)

(Alleen invullen als je individuele schematherapie volgt.)

Instructies

Op de volgende pagina's wordt een aantal omschrijvingen gegeven over de wijzen waarop mensen kunnen denken of voelen omtrent de relatie met hun therapeut. Onder elke uitspraak bevinden zich vijf mogelijkheden om te antwoorden: zelden of nooit/soms/dikwijls/zeer vaak/altijd.

Indien de uitspraak aangeeft hoe u zich altijd voelt (of hoe u altijd denkt), omcirkelt u de antwoordmogelijkheid 'altijd'. Als ze nooit op u van toepassing is, omcirkelt u de antwoordmogelijkheid 'zelden of nooit'. Gebruik de alternatieven tussenin om de variaties tussen deze extremen te beschrijven.

Werk snel: wij wensen uw eerste indrukken na te gaan.

Geef een antwoord op alle uitspraken. Hartelijk dank voor uw medewerking.

1.	Een resultaat van deze sessies is dat het voor mij duidelijker is hoe ik zou kunnen veranderen. zelden of nooit / soms / dikwijls / zeer vaak /altijd
2.	Wat ik doe in therapie, geeft mij een nieuwe kijk op mijn probleem. zelden of nooit / soms / dikwijls / zeer vaak /altijd
3.	Ik geloof dat mijn therapeut(e) mij aardig vindt. zelden of nooit / soms / dikwijls / zeer vaak /altijd
4.	Mijn therapeut(e) en ikzelf werken samen bij het bepalen van de doelstellingen voor mijn therapie. zelden of nooit / soms / dikwijls / zeer vaak /altijd
5.	Mijn therapeut(e) en ik respecteren elkaar. zelden of nooit / soms / dikwijls / zeer vaak /altijd
6.	Mijn therapeut(e) en ik werken naar de doelstellingen toe die we beiden goedkeuren. zelden of nooit / soms / dikwijls / zeer vaak /altijd
7.	Ik voel dat mijn therapeut(e) mij apprecieert. zelden of nooit / soms / dikwijls / zeer vaak /altijd
8.	Wij zijn het eens over wat voor mij belangrijk is om aan te werken. zelden of nooit / soms / dikwijls / zeer vaak /altijd
9.	Ik voel dat mijn therapeut(e) om mij geeft, zelfs wanneer ik dingen doe die hij/zij niet goedkeurt. zelden of nooit / soms / dikwijls / zeer vaak / altijd
10.	Ik voel dat de dingen die ik in therapie doe, mij zullen helpen om de veranderingen die ik wil, te bereiken. zelden of nooit / soms / dikwijls / zeer vaak / altijd
11.	We hebben ons een goed begrip gevormd van het soort veranderingen die goed zouden zijn voor mij. zelden of nooit / soms / dikwijls / zeer vaak / altijd
12.	Ik geloof dat de manier waarop we aan mijn probleem werken, de juiste is. zelden of nooit / soms / dikwijls / zeer vaak / altijd

HUISWERKFORMULIER 12

Mijn belangrijkste schema's zijn (na de evaluatie):

1. _____
2. _____
3. _____

Mijn belangrijkste modi zijn (na de evaluatie):

1. _____
2. _____
3. _____

Mijn belangrijkste emotionele kernbehoeften zijn (na de evaluatie):

1. _____
2. _____
3. _____

Wat ga ik aan elk schema/modus doen om het te veranderen?

Beschrijf concreet gedrag waarmee je jouw schema's/modi kunt bestrijden/veranderen.

Verandering schema/modus 1 *binnen* de therapiegroep door:

_____

_____

Verandering schema/modus 1 *buiten* de therapiegroep door:

_____

_____

Verandering schema/modus 2 *binnen* de therapiegroep door:

_____

_____

Verandering schema/modus 2 *buiten* de therapiegroep door:

_____

_____

Verandering schema/modus 3 *binnen* de therapiegroep door:

_____

_____

Verandering schema/modus 3 *buiten* de therapiegroep door:

_____

_____

HUISWERKFORMULIER 13

(Als de therapiesessies wekelijks zijn is, s.v.p. dit formulier downloaden en 18 keer kopiëren. Als therapiesessies eens in de twee weken plaatsvinden dan s.v.p. 36 keer kopiëren.)

Dagboek voor het registreren en uitdagen van schema's

datum: _____ tijdstip: _____

situatie (waar ben ik? met wie? wat gebeurt er?):
_____
_____
_____

gevoel: sterkte van het gevoel:
☐ bang   _____ (0–100)
☐ boos
☐ bedroefd
☐ blij

automatische gedachten: geloofwaardigheid: _____ (0–100)
_____
_____
_____

schema: geloofwaardigheid: _____ (0–100)

schemagedrag (hoe reageer ik?):
(schema)overgave: _____
(schema)vermijdend: _____
(schema)overcompensatie: _____

schemamodi:

In welke gemoedstoestand(en) bevind ik mij?

☐ Kwetsbare kind   ☐ Onthechte beschermer
☐ Woedende kind   ☐ Onthechte zelfsusser
☐ Razende kind   ☐ Zelfverheerlijker
☐ Impulsieve kind   ☐ Pest- en aanval
☐ Ongedisciplineerde kind   ☐ Straffende ouder
☐ Blije kind   ☐ Veeleisende ouder
☐ Willoze inschikkelijke   ☐ Gezonde volwassene

uitdaging:

Stel kritische vragen over de automatische   Wat is het antwoord op deze vragen?
gedachten.

_____   _____
_____   _____
_____   _____

rationele gedachten (Gezonde volwassene):   geloofwaardigheid: _____% (0–100)
_____
_____

resultaat:

geloofwaardigheid van automatische gedachten
(0–100): _____

geloofwaardigheid van het schema (0–100): _____

effect op het gevoel (0–100): _____

Emotionele kernbehoefte die bij mijn schema hoort:

nieuw gedrag:

Hoe had ik de situatie beter kunnen aanpakken als
ik uitga van de rationele gedachte?

_____

_____

Sessie 12
Schema's en modi:
hoe komen deze over in het contact?

In de komende sessies krijg je andere technieken aangeleerd om nog meer tegengif tegen jouw schema's te bieden. Vandaag wordt begonnen met een rollenspel in de therapiesessie. In een rollenspel wordt vaak nog zichtbaarder hoe schema's als een 'griepvirus' werken en op welke wijze jij tegengif zou kunnen bieden.

Voorbeeld schemagroep

Wanneer de groepstherapeuten een rollenspel aankondigen, wordt het stiller in de groep. De therapeuten zijn aanmoedigend en zeggen te begrijpen dat het doen van een rollenspel in het begin spanning kan geven. Een van de groepstherapeuten vertelt dat hij zelf in het begin ook altijd gespannen is.

De groepstherapeuten nodigen Richard uit om zichzelf te spelen, omdat hij een moeilijke situatie heeft meegemaakt met zijn partner. Hij mag een groepslid uitnodigen die zijn partner kan spelen. Ook mag hij iemand uit de groep kiezen die hem helpt in zijn rol. Richard voelt zich hierdoor meer gesteund en minder alleen. Na het uitspelen van de situatie vindt er een nabespreking plaats. Het valt Richard op dat de therapeuten stilstaan bij zijn emotionele beleving tijdens het rollenspel. Door zijn schema Verlating/instabiliteit en Zelfopoffering is hij sterk geneigd op de behoeften van zijn partner te letten en vergeet hij zijn eigen behoeften en emoties. Hij wist het ergens wel, maar door dit rollenspel beleeft hij dit nu emotioneel heel sterk. De groepsleden voelen veel irritatie tegenover zijn partner. Richard voelt zich niet zo boos; hij is bang dat zijn partner hem verlaat als hij zijn irritatie uit. Hij voelt zich erg 'gezien', wanneer een aantal groepsleden vertelt dat zij zich hier sterk in herkennen. Hij voelt zich verdrietig om het feit dat zijn partner weinig naar zijn emotionele behoeften vraagt; hij herkent dit uit de relatie met zijn moeder vroeger. Hij voelt nu ook meer irritaties opkomen. Hij zou graag zichtbaarder willen zijn en neemt zich voor dit in de relatie met zijn partner te veranderen.

Voorbeeld individuele schematherapie

Linda, werkzaam als tandartsassistente, gaat vandaag voor het eerst een rollenspel doen in de individuele schematherapie. Linda is opgegroeid met ouders die beide een alcoholprobleem hadden. Haar vader kon heel boos en dwingend reageren. Linda heeft weinig ruimte gekregen om te leren haar emoties te benoemen en ook weinig vaardigheden geleerd om haar emoties duidelijk naar de ander te communiceren.

In het rollenspel speelt zij een situatie uit met haar vriend. Hij kookt voor haar, echter in haar ogen doet hij het niet goed. Het schema Meedogenloze normen/overmatig kritisch doet het woord. Op een dwingende manier maakt zij hem duidelijk dat het toch anders moet. Er volgt een ruzie. De schematherapeut vraagt Linda om nog een keer deze situatie te spelen en te reageren tegen haar schema's in. Het blijkt namelijk dat Linda, na een dag werken, heel erg moe is en opziet tegen het examen. Als zij met haar vriend hier meer over deelt dan gaat zij op aan andere manier om met het haar schema Emotionele verwaarlozing en schema Meedogenloze normen/overmatig kritisch. Deze schema's zorgen ervoor dat zij zich niet open en kwetsbaar opstelt. Door dit rollenspel wordt Linda zich bewust hoe 'hard' de schema's op de ander kunnen overkomen en ook haar binnenwereld wegblijft voor de ander.

Nu het einde van de therapie nadert, is het belangrijk om voor jezelf een overzicht te maken van wat je geleerd hebt. Wat je nodig hebt is een hulpmiddel dat je kunt gebruiken na de therapie. Dit hulpmiddel is de eerstehulpkoffer, de EHBO-koffer. Die zal je helpen om de werking van je schema's steeds minder te laten worden. De EHBO-koffer bestaat uit drie onderdelen, die in de komende sessies worden beschreven. Als eerste wordt het signaleringsplan besproken.

Signaleringsplan

De eerste stap die je gaat zetten, is het maken van een signaleringsplan (zie voorbeeld verderop). In dit plan beschrijf je welke situaties je schema's triggeren. Daarna beschrijf je waaraan je dat merkt, hoe je er weer uit kunt komen, en hoe je kunt voorkomen dat je schema's getriggerd worden en de controle van je overnemen.

Als alternatief kun je ook een signaleringsplan maken waarin je beschrijft in welke situaties de inadequate modi worden getriggerd. In dat geval hoef je schemavermijding, schemabevestiging en schemacompensatie niet in het plan te beschrijven. Je kunt in plaats daarvan meer het gedrag beschrijven dat je vertoont als deze modus getriggerd is.

Voorbeeld van een signaleringsplan

Waardoor worden mijn schema's getriggerd?
(situaties beschrijven)

1. Als ik mijn boosheid/verdriet uit en anderen vervolgens bij mij weglopen of mijn gevoel negeren. (Ik voel me dan verlaten, niet begrepen, niet voldoende gesteund.)

2 In gezelschap van onbekenden waarin iedereen met elkaar staat te praten en ik geen gesprekspartner heb. (Ik voel mij dan buiten de groep staan.)
3 Wanneer iemand vertelt dat hij promotie heeft gemaakt op zijn werk. (Ik denk dan algauw dat ik dat nooit zal kunnen. Dat ik toch altijd wel zal falen, ook al lijkt alles nu goed te gaan.)
4 Wanneer iemand worstelt met een probleem en ik dat zie, dan leg ik mijn eigen werkzaamheden aan de kant. (Ik wil daarmee voorkomen dat de ander pijn ervaart).
5 Als er veel moet gebeuren, eis ik van mezelf dat ik de tijd die ik heb zeer goed gebruik en dat ik geen fouten maak. (Ik ervaar dan veel druk en vind het moeilijk om de dingen rustiger aan te doen.)

Waaraan merk ik dat mijn schema's in toenemende mate getriggerd worden?

Alarmfase groen
(1e fase in triggering)

Ik word wat stiller en ga meer nadenken. Mijn nek en schouders raken wat gespannen.

Alarmfase oranje
(2e fase in triggering)

Ik ga piekeren.
Ik voel me verdrietig worden.

Alarmfase rood
(3e fase in triggering)

Ik kan wel janken of voel me juist heel boos.

Hoe kom ik uit de schematriggering?
1 Vragen of iemand een arm om mij heen wil slaan.
2 Taken verdelen.
3 Een praatje aanknopen met iemand.
4 Navragen of ik zeur.
5 Mij afvragen of ik al niet te veel doe.

Oud gedrag

Welke vormen van schemavermijding pas ik toe?
1 Ik ga televisie kijken.
2 Ik ga veel snoepen.
3 Ik ga dagdromen.

Welke vormen van schema-overgave pas ik toe?
1 Ik kijk of anderen zich vervelen in mijn gezelschap.
2 Ik denk aan de fouten die ik maak.
3 Ik denk aan de keren dat ik verlaten ben.

Welke vormen van schema-overcompensatie pas ik toe?
1 Ik ga nog meer mensen helpen.
2 Ik ga harder werken.
3 Ik ga veel lachen en doen alsof er niets aan de hand is.

Hoe voorkom ik dat mijn schema's getriggerd worden?
1 Niet te veel hooi op mijn vork nemen.
2 Iemand eigen verantwoordelijkheid laten houden.
3 Mijn (emotionele) behoeften openlijk uiten.
4 Mijzelf complimenteren met wat ik bereik.
5 Actief bezig zijn met mijn schema's.

Huiswerk voor de volgende keer
– lezen tekst sessie 12, ook het voorbeeld;
– maken van huiswerkformulieren 1, 4, 13, 14 en 15.

HUISWERKFORMULIER 14

(s.v.p. dit formulier downloaden en 5 keer kopiëren. Dit formulier wordt ook de komende sessies gebruikt)

Registratie schemagedrag

Wat heb ik de afgelopen week gedaan om elk schema en/of modus te veranderen?

Beschrijf concreet gedrag waarmee je je schema's en inadequate modi kunt bestrijden/veranderen. Denk hierbij onder meer aan gedrag op het gebied van intieme relaties (partnerkeuze, ouderschap, vriendschap) en bezigheden (werk, studie, hobby's).

Verandering schema/modus 1 *binnen* de therapiegroep door:

_____
_____

Verandering schema 1/modus 1 *buiten* de therapiegroep door:

_____
_____

Verandering schema 2/modus 2 *binnen* de therapiegroep door:

_____
_____

Verandering schema 2/modus 2 *buiten* de therapiegroep door:

_____
_____

Verandering schema 3/modus 3 *binnen* de therapiegroep door:

_____
_____

Verandering schema 3/ modus 3 *buiten* de therapiegroep door:

_____
_____

Huiswerk 'uitproberen nieuw gedrag'

Schema/modus 1: _____
_____

Schema/modus 2: _____
_____

Schema/modus 3: _____
_____

HUISWERKFORMULIER 15

Signaleringsplan: schematriggering

Indien je wilt, kun je in plaats van of naast een signaleringsplan voor jouw schema's een signaleringsplan maken voor situaties die jouw modi triggeren.

Waardoor worden mijn schema's getriggerd?
(situaties beschrijven)

1 _____
2 _____
3 _____
4 _____
5 _____

Waaraan merk ik dat mijn schema's in toenemende mate getriggerd worden?

alarmfase groen
(1e fase in triggering)
_____
_____

alarmfase oranje
(2e fase in triggering)
_____
_____

alarmfase rood
(3e fase in triggering)
_____
_____

Hoe kom ik uit de schematriggering?
1 _____
2 _____
3 _____
4 _____
5 _____

Oud gedrag

Welke vormen van schemavermijding pas ik toe?
1 _____
2 _____
3 _____

Welke vormen van schema-overgave pas ik toe?
1 _____
2 _____
3 _____

Welke vormen van schema-overcompensatie pas ik toe?
1 _____
2 _____
3 _____

Hoe voorkom ik dat mijn schema's getriggerd worden?
1 _____
2 _____
3 _____
4 _____
5 _____

Sessie 13
Nog meer bewust worden van schema's en modi in relaties

Vandaag wordt het signaleringsplan in de groep verder besproken en staat het rollenspel centraal.

Voorbeeld schemagroep

Vandaag kiest Sophia voor een rollenspel. Zij heeft een hechte band met haar familie, maar zij heeft keer op keer een conflict met haar vriend en/of met haar familieleden. Zij voelt zich op zo'n moment niet 'gezien' en erg boos. Zij voelt sterk de neiging om wraak te nemen, en het is voor haar erg moeilijk de ander te vergeven en uit de gemoedstoestand van het Woedende kind en Veeleisende ouder te komen.
Op dit moment is zij erg boos op haar jongere zusje van zeventien jaar. Sophia had haar opgebeld en gevraagd om te komen helpen met koken omdat zij visite kreeg. Haar zusje kon niet komen.
Sophia kiest iemand uit de groep die haar zusje kan spelen. Haar wordt eerst gevraagd om de situatie na te spelen die zich het afgelopen weekend heeft voorgedaan. Sophia wordt in dit rollenspel heel boos en staat niet open voor wat haar zusje zegt. In de nabespreking herkent zij haar schema Emotionele verwaarlozing en de modi Woedende kind en Veeleisende ouder, maar zij staat niet erg open voor wat groepsleden tegen haar zeggen; in haar binnenwereld zit ze te zeer in een emotionele achtbaan. De groepstherapeuten stellen een rolomkering voor. Sophia mag zich in haar zeventienjarige zusje inleven en haar spelen. Het groepslid speelt Sophia. Beiden krijgen helpers uit de groep, die kunnen inspringen wanneer een van beiden het lastig vindt de rol verder te spelen. Na dit rollenspel is Sophia verbaasd. Zij had geen idee dat het gedrag van het schema Emotionele verwaarlozing en vanuit de modi Woedende kind en Veeleisende ouder zo op de ander overkomt. Ook beseft zij dat haar zusje nog heel jong is en heel anders denkt. Het geeft haar lucht, omdat zij nu ervaart dat haar zusje haar niet zal verlaten (schema Verlating/instabiliteit), waarvoor Sophia op een onderliggend niveau zo bang is.

Voorbeeld individuele schematherapie

In deze sessie van de individuele schematherapie speelt Judith een situatie uit met haar manager. Haar manager is erg blij met haar. Judith heeft een groot verantwoordelijkheidsgevoel, lost veel problemen op en als hij haar vraagt om over te werken dan is Judith altijd bereid dit te doen. Judith realiseert zich dat haar eczeemklachten meer gaan toenemen als zij blijft toegeven aan haar schema's Meedogenloze normen/overmatig kritisch en schema Zelfopoffering. Zij moet meer rust gaan nemen, omdat de eczeemklachten veel energie van haar vragen. In de eerste ronde van het rollenspel speelt de schematherapeut de rol van de manager. Zij spelen eerst de situatie uit zoals deze in het echt was verlopen. De schematherapeut introduceert een tweede ronde rollenspel, waarbij Judith de rol van haar manager gaat spelen. De schematherapeut zal de rol van Judith innemen. Judith is verrast door deze ronde rollenspel. Zij ziet en ervaart hoe de schema's in het contact bij de manager overkomen. In de rol van manager merkt zij dat de behoeften van Judith niet zichtbaar zijn. In de nabespreking blijken de schema's ook een rol te spelen in het non-verbale gedrag. Judith praat zacht en haar stem is niet zo krachtig. Zij kijkt de manager niet altijd goed aan.

Voor een rollenspel kunnen vaak alledaagse situaties worden gebruikt. Een rollenspel helpt om je nog meer bewust te worden dat schema's en modi ook in 'kleine' dagelijkse situaties van invloed zijn. De taak van de schematherapeut(en) is jou te helpen het rollenspel uit te werken en je te begeleiden.
Wij willen je uitnodigen juist ook situaties in te brengen waarvan je niet goed weet op welke wijze de schema's en modi een rol spelen.

Huiswerk voor de volgende keer
- lezen tekst sessie 13;
- maken van huiswerkformulieren 1, 4, 13, 14 en 15.

Sessie 14
Schema's en modi in contact met de naastbetrokkenen

De tweede stap in het samenstellen van je EHBO-koffer is het maken van 'flitskaartjes'. Hierop beschrijf je wat je voelt, welk schema dat gevoel veroorzaakt, of het schema realistisch is in de situatie van dat moment en wat voor jou gezondere gedachten en gedragingen zijn.

Op basis van deze flitskaartjes ga je compacte flitskaartjes maken. Op één kant schrijf je het schema op en het bewijs dat vóór het schema pleit, op de andere kant schrijf je met een trefwoord iets op wat tegen het schema pleit. Het voordeel van compacte flitskaartjes is dat ze zo klein zijn dat je ze gemakkelijk kunt meenemen in je portemonnee of jaszak. We raden je ook dringend aan dit te doen. Op deze manier kun je jezelf extra helpen om het schema tegen te spreken wanneer het bij je op 'bezoek' komt. (Je kunt een knipvel met flitskaartjes downloaden via de website extras.springer.com: ISBN 978 90 368 1583 3.)

Schema flitskaartje
Stap 1 Erkenning van het huidige gevoel
Op dit moment voel ik me (vul hier je gevoel in, bijv. *verdrietig en bang*), omdat er iets gebeurd is, en wel (vul hier de uitlokkende situatie in, bijv. *omdat ik negatieve feedback van een vriendin heb gekregen*).

Stap 2 Identificatie van het schema
Ik weet echter dat dit waarschijnlijk mijn (vul hier de naam van het schema in, bijv. *schema Verlating/instabiliteit*) is, dat ik mezelf vroeger heb aangeleerd doordat (vul hier de oorsprong van de ervaring in, bijv. *mijn vader mijn moeder verliet na een ruzie, en mijn jeugdvriendin na een ruzie geen contact meer met mij wilde hebben*).

Stap 3 De Gezonde volwassene aan het woord: Realiteitstoetsing
Alhoewel ik geloof dat (vul hier je negatieve gedachtepatroon in, bijv. *deze vriendin me nu ook gaat verlaten of er niet meer voor me wil zijn als ik haar nodig heb*) is het in werkelijkheid zo dat (vul hier een andere bewering in, bijv. *zij het goed met mij voor heeft of zij mij juist wil helpen door te zeggen wat zij vindt en denkt, omdat ze mij als een goede vriendin beschouwt waar ze open tegen wil kunnen zijn*).

De bewijzen voor dit gezondere gezichtspunt, of ervaringen die het schema tegenspreken, zijn (vul hier de specifieke levenservaringen in, bijv.:
1. *Ik heb al een keer ruzie met deze vriendin gehad zonder negatieve gevolgen.*
2. *Mijn partner blijft ook bij mij en houdt nog veel van me, ondanks dat we van tijd tot tijd wel een meningsverschil hebben*).

Stap 4 De Gezonde volwassene en het Blije kind in actie: Gedragsinstructie
Daarom geldt dat, alhoewel ik zin heb om (vul hier je negatieve gedrag in, bijv. *heel vaak aan haar te gaan vragen of ze mij toch echt niet in de steek laat*), ik in plaats daarvan beter (vul hier ander, meer wenselijk gedrag in, bijv. *zou kunnen kijken wat ik met haar feedback kan en erop vertrouwen dat zij evenveel om me blijft geven en me niet in de steek zal laten*).

Tips
- Draag de ingevulde flitskaartjes bij je. Je kunt ze dan altijd even doorlezen zodra een van je schema's getriggerd wordt. Het kan je helpen om het schema te weerleggen.
- Maak zo veel mogelijk flitskaartjes. Zorg dat je altijd een paar lege kaartjes bij je hebt, zodat je meteen een nieuw kaartje kunt maken, zodra je last krijgt van een van je schema's.
- Als je het moeilijk vindt om een flitskaartje te maken, kijk dan nog eens naar wat je schema's zijn en waar ze vandaan komen. Gebruik hiervoor figuur A en B (deel I, 1.2). Je kunt andere technieken die je geleerd hebt (bijv. het dagboek), gebruiken om je schema uit te dagen en een positieve gedachte en positief gedrag op te schrijven op je flitskaartje.

Flitskaartjes voor jouw modi
Indien je wilt, kun je ook flitskaartjes voor een specifieke modus maken. In dat geval schrijf je op één kant een modus op en formuleer je een boodschap van deze modus. Op de andere kant schrijf je vanuit de Gezonde volwassene een tekst op die tegengif biedt tegen deze modus.

Rollenspel
Ook wordt in deze sessie een nieuw rollenspel gedaan.

Voorbeeld schemagroep
Anna is getrouwd en heeft twee jonge kinderen. Zij houdt veel van haar kinderen en vindt het heel erg dat zij soms de controle verliest over haar gevoelens van irritatie en boosheid wanneer de kinderen niet luisteren. Zij is daarom erg gemotiveerd om aan haar problemen te werken. Zij wil een situatie met de kinderen uit de afgelopen week in een rollenspel uitwerken. Anna volgt de schemagroep en heeft nu dertien sessies gehad. Zij vraagt aan Mark en Sabine om haar twee kinderen te spelen. Zij krijgen duidelijke informatie over de situatie en welk gedrag van de kinderen zij moeten naspelen. De situatie wordt eerst weer zo nagespeeld als het afgelopen week is verlopen. In het rollenspel wordt het schema Meedogenloze normen/overmatig kritisch getrig-

gerd en komt Anna in de gemoedstoestand van het Boze en Impulsieve kind terecht. Op dat moment vindt zij dat de kinderen naar haar moeten luisteren. Na de bespreking wordt het rollenspel nog een keer gespeeld, waarbij zij van de groepsleden en de groepstherapeuten de instructie heeft gekregen te wachten met reageren als de kinderen iets gedaan of gezegd hebben. Anna is vanuit het schema Meedogenloze normen/overmatig kritisch geneigd snel en efficiënt te reageren. Tijdens het wachten vraagt een groepslid dat achter haar staat, wat zij denkt en voelt, en welk schema aanwezig is. Ook vraagt diegene wat zij nu bij haar driejarige dochter ziet en wat zij nu zou voelen. Vervolgens wordt het rollenspel verder gespeeld en laat Anna zien dat zij heel lief en rustig op haar dochter kan reageren.

In de nabespreking merkt Anna op dat zij door haar emoties op dat moment helemaal geen ruimte heeft om te zien wat er met haar dochtertje gebeurt. Nu zag zij dat haar dochtertje schrok van haar reactie en kon zij zich inleven in haar dochtertje en zien dat zij even geruststelling nodig had. Zij vindt het erg om haar dochtertje zo te zien, zo verschrikt. Uit dit rollenspel neemt zij mee dat zij soms een stap achteruit kan doen in plaats van direct impulsief te reageren.

Voorbeeld individuele schematherapie

De schema's Emotionele geremdheid, Zelfopoffering en Onderwerping zorgen er mede voor dat Ron zich nooit boos voelt. Hij heeft zijn zoon nu drie jaar niet gezien als gevolg van een problematische scheiding. Ron heeft veel verdriet hierover. Zijn Straffende ouder neemt hem hierin veel kwalijk. Ron is vooral boos op zichzelf.

In de individuele schematherapie gaat Ron vandaag een rollenspel doen waarbij zijn boosheid het focus is. Er worden vier stoelen neergezet. De eerste stoel symboliseert zijn drie schema's. Op de tweede stoel wordt denkbeeldig zijn ex-partner gezet. De derde stoel is zijn Woedende kind en de laatste stoel is zijn Gezonde volwassene. Ron wordt gevraagd plaats te nemen in de stoel van de Woedende kindmodus en eerst boosheid te uit te spreken naar de stoel met zijn drie schema's. Zijn therapeut staat naast hem en springt af en toe in als voorbeeldmodel. Vervolgens mag hij vanuit deze stoel boosheid uiten naar zijn ex-partner. Hij geeft tegengas aan zijn schema's, dat geeft de nodige spanning bij Ron. Ergens geeft het een gevoel van opluchting dat deze gevoelens er mogen zijn en dit gevoel te uiten.

Huiswerk voor de volgende keer

- vermeld in het signaleringsplan ook toekomstige risicosituaties;
- lezen tekst sessie 14, ook het voorbeeld;
- maken van huiswerkformulieren 1, 4, 13, 14 en 16.

HUISWERKFORMULIER 16

Schema flitskaartje

Zoals in deze sessie is beschreven, kun je ook flitskaartjes voor jouw modi maken.
(Je kunt een knipvel met flitskaartjes downloaden via de website extras.springer.com: ISBN 978 90 368 1583 3.)

Stap 1 Erkenning van het huidige gevoel

Op dit moment voel ik me *(vul hier je gevoel in)* _____,
omdat er iets is gebeurd, en wel *(vul hier de uitlokkende situatie in)*

_____

_____

Stap 2 Identificatie van het schema

Ik weet echter dat dit waarschijnlijk mijn *(vul hier de naam van het schema in)*

_____ is dat ik mezelf vroeger heb aangeleerd

doordat *(vul hier de oorsprong van de ervaring in)*

_____

_____

Stap 3 De Gezonde volwassene aan het woord: Realiteitstoetsing

Alhoewel ik geloof dat *(vul hier je negatieve gedachtepatroon in)*

_____

_____

is het in werkelijkheid zo dat *(vul hier een andere bewering in)*

_____

_____

De bewijzen voor dit gezondere gezichtspunt, of ervaringen die het schema tegenspreken, zijn *(vul hier de specifieke levenservaringen in)*

_____

_____

Stap 4 De Gezonde volwassene en het Blije kind in actie: Gedragsinstructie

Daarom geldt dat, alhoewel ik zin heb om *(vul hier je negatieve gedrag in)*

_____

_____

ik in plaats daarvan beter *(vul hier ander, meer wenselijk gedrag in)*

_____

_____

Sessie 15
Schema's en modi in toekomstige situaties: wees voorbereid!

Hierna zijn er nog drie therapiesessies. Er wordt nog volop gewerkt aan rollenspelen en de EHBO-koffer. Het naderende einde van de therapie is een onderwerp dat deelnemers kan bezighouden.

Voorbeeld schemagroep
In het eerste halfuur van de sessie brengt Sabine in dat zij graag na deze groepstherapie nog meer therapie wil, omdat zij nog met veel dingen moeite heeft. Een paar anderen sluiten zich bij haar aan en willen graag antwoord van de groepstherapeuten of dit mogelijk is en of zij het hiermee eens zijn. Anna vindt juist dat Sabine stappen vooruit heeft gezet en vraagt zich af of haar schema Mislukking nu aan het woord is. Dit schema kijkt alleen naar die gebeurtenissen waarin iets niet gelukt is, waardoor het schema opnieuw wordt bevestigd. Een groepstherapeut valt haar bij: hij is het met Anna eens. Verder vraagt hij of Sabine het moeilijk vindt om nieuwe verantwoordelijkheden aan te gaan, want dat zie je vaak bij dit schema, waardoor de afhankelijkheid van een ander in stand blijft. Hij zegt: 'Het schema Mislukking maakt jou bang om voor nieuw activiteiten te kiezen, maakt je bang om in je leven (tijdelijk) zonder therapie verder te gaan.' Sabine heeft hier nog nooit over nagedacht. Zij is verbaasd dat haar schema Mislukking hierin ook een rol kan spelen. De therapeut legt verder uit: 'Bij het op je nemen van nieuwe verantwoordelijkheden kan altijd iets misgaan, en daar knoopt het schema bij aan, waardoor jij nieuwe mogelijkheden, kansen en activiteiten die goed gaan moet negeren. Hiermee verwaarloost dit schema jouw ontwikkeling.' In de groep ontstaat een gesprek, waarbij blijkt dat veel groepsleden de angst herkennen om nieuwe dingen aan te gaan, om uit hun comfortzone te stappen. Ook het aanstaande einde van de therapie leidt bij sommigen tot de nodige spanning.

Voorbeeld individuele schematherapie
Renate is opgegroeid met een moeder die erg kritisch en veeleisend was. Dit maakt het begrijpelijk dat zij deze kritische stem eigen heeft gemaakt (Straffende ouder en Veeleisende ouder). Zij heeft niet goed geleerd om haar emoties te verwoorden. Ook vindt zij het erg moeilijk

warm naar zichzelf en naar de ander te zijn. In de individuele schematherapie wordt in een rollenspel met haar partner dit zichtbaar duidelijk. Vanuit deze modus wordt snel kritiek geuit op haar partner.
Zij vindt hem vaak onhandig overkomen en laat hem dit merken.
In een vervolg rollenspel wordt haar gevraagd meer vanuit de Gezonde volwassene contact met haar partner te maken. Er wordt haar gevraagd te laten weten waar zij hem dankbaar voor is en/of prettig aan hem vindt. Zij vindt het fijn dat hij zo goed naar haar kan luisteren en niet veroordelend is. Hij luistert naar haar op momenten dat zij zich zo klein en onzeker voelt. Zo wordt het thema dankbaarheid geïntroduceerd. Na het rollenspel wil Renate een brief schrijven gericht aan haar partner. Zij wil in deze brief benadrukken wat hij voor haar betekent.
In een volgend therapiegesprek, waarbij haar partner aanwezig is, wil zij deze brief aan hem voorlezen.

Blijf de komende sessies stilstaan bij jouw gemaakte signaleringsplan en flitskaartjes. Mogelijk kun je nog iets toevoegen in jouw signaleringsplan of nog een flitskaartje maken van een moeilijke situatie.

Huiswerk voor de volgende keer
- lezen tekst sessie 15;
- vermeld in het signaleringsplan ook toekomstige risicosituaties;
- eventueel nog meer flitskaartjes maken;
- maken van huiswerkformulieren 1, 4, 13, 14 en 16.

Sessie 16
De Gezonde volwassene die aandacht houdt voor wat goed gaat

De derde en laatste stap in het maken van de EHBO-koffer is het regelmatig bijhouden van het positieve logboek. Omdat de schema's zich gedurende je hele leven rustig hebben kunnen ontwikkelen, kost het vaak behoorlijk wat tijd om ze ongedaan te maken. Een effectief middel om de kracht van de schema's te doen afnemen, is het bijhouden van gebeurtenissen die het schema tegenspreken. Zo leer je meer en meer bewijs te verzamelen dat tegen je schema's pleit en krijgen je schema's nog minder recht van bestaan.

Voorbeeld van een positief logboek

dag + datum	gebeurtenissen die het schema tegenspreken en voor de aanwezigheid van de Gezonde volwassene en het Blije kind pleiten
maandag:	bewijs dat tegen het schema Emotionele verwaarlozing pleit en voor de aanwezigheid van mijn Gezonde volwassene en Blije kind pleiten: 1 Toen ik huilde sloeg mijn vriendin haar arm om mij heen. 2 _____ 3 _____
dinsdag:	bewijs dat tegen het schema Zelfopoffering pleit en voor de aanwezigheid van mijn Gezonde volwassene en Blije kind pleiten: 1 Ik zag dat Jan na lang worstelen zijn probleem, zonder mijn hulp, zelf had opgelost en daar zeer trots op was. 2 Ondanks dat ik Jantine, vanwege drukte, niet kon troosten, wilde ze toch horen hoe het met mij ging en was ze niet boos op me dat ik haar niet getroost had. 3 _____

woensdag: bewijs dat tegen het schema Meedogenloze normen/overdreven kritisch pleit en voor de aanwezigheid van mijn Gezonde volwassene en Blije kind pleiten:
1. Ondanks dat ik mijn werk niet perfect en binnen de deadline had ingeleverd, was mijn baas tevreden over me.
2. _____
3. _____

donderdag: bewijs dat tegen het schema Zelfopoffering pleit en voor de aanwezigheid van mijn Gezonde volwassene en Blije kind pleiten:
1. Eduard vertelde dat hij het zo goed van mij vond dat ik de afspraak had afgezegd.
2. Ik had wat fel gereageerd en mijn collega nam het luchtig op. Hij vond het wel leuk dat ik niet zo aangepast reageerde.
3. _____

vrijdag: bewijs dat tegen het schema Emotionele verwaarlozing pleit en voor de aanwezigheid van mijn Gezonde volwassene en Blije kind pleiten:
1. Mijn partner was vandaag een hele steun toen ik hem vertelde over mijn boosheid.
2. Frederique stuurde mij een wenskaartje met 'sterkte' omdat ik gisteren zo bij haar had gehuild.
3. Ik kreeg een bos bloemen van mijn buren.

zaterdag bewijs dat tegen het schema Meedogenloze normen/overdreven kritisch pleit en voor de aanwezigheid van mijn Gezonde volwassene en Blije kind pleiten:

1. Ik heb vandaag minder gedaan dan ik me had voorgenomen, maar voel me voldaan en kreeg ook nog eens een compliment over wat ik allemaal had gedaan vandaag.
2. _____
3. _____

zondag: bewijs dat tegen het schema Zelfopoffering pleit en voor de aanwezigheid van mijn Gezonde volwassene en Blije kind pleiten:
1. Ik heb de hele dag over mijn eigen problemen gepraat. Mijn vriend zei dat hij blij was dat ik de ruimte voor mezelf had genomen en dat ik hem zo veel had toevertrouwd.
2. _____
3. _____

Als jij jezelf meer in de modi herkent, kun je een positief logboek bijhouden van jouw modi. In dit logboek kun je bijvoorbeeld situaties noemen waarin je vanuit de modus Gezonde volwassene hebt gereageerd, de Veeleisende ouder hebt weggestuurd en/of situaties waarin jij de modus Impulsieve kind hebt begrensd. De Gezonde volwassene let er ook op dat jij datgene doet waar jij je blij, beschermd en veilig bij voelt (Blije kind).

Na vandaag zijn er nog twee therapiesessies en follow-upsessies. Tegen het einde van de therapie kunnen zich moeilijke situaties voordoen. Schema's en modi proberen jou het gevoel te geven dat je niets waard bent en/of niet verder bent gekomen (zie voorbeeld verderop). Blijf op dit soort momenten je gevoelens en gedachten met anderen delen en gebruik de hulpmiddelen uit jouw EHBO-koffer.

Voorbeeld schemagroep

De groep zit er wat gespannen en stil bij. Lotte heeft zich wat afgesloten, en het is zichtbaar dat zij zichzelf gekrast heeft op haar armen. De groepstherapeuten wachten eerst af waar de groep mee komt. Ruth gaat een gesprek aan met Lotte, en zegt dat zij schrikt van haar armen: wat is er gebeurd? Lotte reageert wat chaotisch: haar vriend heeft de relatie verbroken. Aanvankelijk was zij erg geraakt en verdrietig, en toen ook heel boos. De laatste dagen voelt zij zich niet 'gezien' en trekt zij zich terug (schema Emotionele verwaarlozing). Zij neemt het zichzelf kwalijk: alle relaties mislukken, wie moet haar nou? Wie wil nou zo'n vrouw die geen relatie in stand kan houden en soms ook zichzelf beschadigt? Een paar groepsleden zeggen dat zij haar erg graag mogen, en dat zij op een fijne manier contact kan maken. De groepstherapeut vraagt in welke gemoedstoestand zij zichzelf heeft beschadigd. Was zij op dat moment boos op zichzelf en verdiende zij straf (Straffende ouder)? Of was zij op dat moment erg vervreemd van zichzelf en afgesloten (Onthechte beschermer) en was zelfbeschadiging een manier om weer contact te voelen? In de groep ontstaat er vervolgens een gesprek over het omgaan met pijn en verlies en welke gemoedstoestanden zij daarbij ervaren. Velen herkennen de Straffende ouder en de Onthechte beschermer. Door de reacties van de groep voelt Lotte veel erkenning en is de Straffende ouder voor dit moment bij haar weg.

Huiswerk voor de volgende keer

- vermeld in het signaleringsplan ook toekomstige risicosituaties;
- lezen tekst sessie 16, ook het voorbeeld;
- maken van huiswerkformulieren 1, 4, 13, 14 en 17.

HUISWERKFORMULIER 17

Als alternatief kun je een positief logboek bijhouden van jouw modi.

Het positieve logboek

dag + datum	gebeurtenissen die het schema tegenspreken en voor de Gezonde volwassene en Blije kind pleiten
maandag: _____	bewijs dat tegen het schema _____ pleit en voor de aanwezigheid van mijn Gezonde volwassene en Blije kind pleiten: 1 _____ 2 _____ 3 _____
dinsdag: _____	bewijs dat tegen het schema _____ pleit en voor de aanwezigheid van mijn Gezonde volwassene en Blije kind pleiten: 1 _____ 2 _____ 3 _____
woensdag: _____	bewijs dat tegen het schema _____ pleit en voor de aanwezigheid van mijn Gezonde volwassene en Blije kind pleiten: 1 _____ 2 _____ 3 _____
donderdag: _____	bewijs dat tegen het schema _____ pleit en voor de aanwezigheid van mijn Gezonde volwassene en Blije kind pleiten: 1 _____ 2 _____ 3 _____
vrijdag: _____	bewijs dat tegen het schema _____ pleit en voor de aanwezigheid van mijn Gezonde volwassene en Blije kind pleiten: 1 _____ 2 _____ 3 _____
zaterdag: _____	bewijs dat tegen het schema _____ pleit en voor de aanwezigheid van mijn Gezonde volwassene en Blije kind pleiten: 1 _____ 2 _____ 3 _____
zondag: _____	bewijs dat tegen het schema _____ pleit en voor de aanwezigheid van mijn Gezonde volwassene en Blije kind pleiten: 1 _____ 2 _____ 3 _____

Sessie 17
Voorbereiding op het afsluiten van schematherapie

Vandaag is de een na laatste therapiesessie. Het positieve logboek wordt besproken, maar ook het naderend afscheid van de groep. Na de volgende sessie zullen jullie elkaar niet meer wekelijks zien.

Voorbeeld schemagroep
De groepsleden benadrukken vandaag vooral wat zij in de therapie niet hebben bereikt. De groepstherapeuten horen dit vaker in groepen en besluiten om niet inhoudelijk op deze opmerking in te gaan, maar vooral stil te staan bij de fase waarin de groep nu zit. Zij hebben elkaar de laatste maanden wekelijks gezien en de volgende keer is de laatste therapiesessie. De therapeuten leggen uit dat de klachten bij dit soort veranderingen tijdelijk kunnen toenemen. Zij vragen de groepsleden hoe zij het naderende afscheid beleven en hoe zij gewend zijn om in hun leven afscheid te nemen. Manon vindt afscheid nemen heel moeilijk. Zij vindt het moeilijk om te zeggen dat zij iemand zal missen, zij voelt zich daar erg ongemakkelijk bij, vooral omdat zij zich daarmee zo afhankelijk opstelt. Zij is bang dat de ander haar raar zal vinden en niet belangrijk (schema Minderwaardigheid/schaamte). In het dagelijks leven is zij gewend om bij afscheid de knop om te draaien (Onthechte beschermer), want al op jonge leeftijd moest zij het ouderlijk huis verlaten, vanwege problemen van haar ouders. Zij is in een kindertehuis opgegroeid, waar het personeel vaak wisselde. Zich afsluiten voor emoties was voor haar de enige manier om met afscheid om te gaan, de minst pijnlijke manier. Dat de groepsleden en therapeuten er nu bij stilstaan hoe zij het afscheid beleeft, is helemaal nieuw voor haar. Zij heeft tranen in haar ogen, want zij voelt dat de groep nu warm en echt contact met haar maakt.

Voorbeeld individuele schematherapie
Robbie, die binnen de individuele schematherapie zich veel bewuster is geworden van het schema Gebrek aan zelfcontrole/zelfdiscipline en schema Zelfopoffering, heeft besloten een paar kennissen op afstand te houden. Deze mensen verleiden hem om alcohol te drinken en soms ook drugs te gebruiken. Robbie heeft in het verleden eerder middelen misbruikt om zo zijn lichamelijk onrust en negatieve emoties te

verminderen. In zijn signaleringsplan heeft hij deze kennissen als 'trigger van zijn schema's' opgenomen. Zo tegen het einde van deze schematherapie voelt hij de neiging weer contact te zoeken met deze kennissen. Het voelt leeg zonder deze contacten en hij weet dat hij met zijn Gezonde volwassene het gevoel van leegte moet verdragen. Ook heeft hij vernomen dat de schema's en leegte aan einde van de therapie ook tijdelijk wat kunnen toenemen.

Het kan helpen je nog bewuster te worden van de technieken die tegengif bieden tegen jouw schema's en modi. Welke technieken uit de schematherapie hebben jou tot nu toe geholpen? Het is bekend dat de een meer heeft aan de cognitieve technieken en de ander aan de tips van de groepsleden in een rollenspel. Weet dat je nu en/of na de therapie niet alle technieken hoeft toe te passen. Gebruik vooral die technieken die voor jou een krachtig hulpmiddel zijn om schema's te ontkrachten en op een andere manier met modi om te gaan. Deze technieken kun jij als het ware bewaren in jouw EHBO-koffer.

Huiswerk voor de volgende keer
- lezen tekst sessie 17;
- stel je EHBO-koffer samen;
- maken van huiswerkformulieren 1, 4, 13 en 14.

Sessie 18
Afscheid nemen

Vandaag is de laatste therapiesessie. Je bent nu aan het einde gekomen van deze vorm van schematherapie. In deze therapie heb je meer inzicht gekregen in de momenten waarop je schema's en modi getriggerd worden en welke gevolgen dat voor jou heeft. Je hebt geleerd je persoonlijke schema's aan de realiteit te toetsen en een aantal hulpmiddelen gekregen om op een andere manier met de inadequate modi om te gaan. Je hebt handvatten meegekregen voor de toekomst.

Het is een bekend gegeven dat veel mensen aan het einde van een therapie tijdelijk opnieuw last krijgen van hun klachten. Hun schema's en modi worden tijdelijk weer actiever, en daar kunnen ze in meerdere of mindere mate last van hebben. Het is belangrijk om te weten dat deze schema- en modustriggering geleidelijk aan ook weer minder wordt. Je kunt dit proces bevorderen door actief bezig te blijven met wat je in deze schematherapie hebt geleerd.

Voorbeeld schemagroep

Vandaag is de laatste therapiesessie, de groepsleden zien elkaar nog wel bij de twee follow-upgesprekken. Er wordt aandacht besteed aan de EHBO-koffer, die de groepsleden als huiswerk moesten samenstellen. In subgroepen schrijven zij op een flap welke technieken hen helpen op momenten dat de schema's heftig getriggerd zijn. Daarbij is het de bedoeling dat zij ook elkaar helpen. Nogmaals wordt benadrukt dat zij deze technieken kunnen toepassen in de follow-upperiode en ook nadat de therapie is afgesloten of verder wordt vervolgd.

Bij het bespreken van de EHBO-koffer hoort Lotte van anderen in haar subgroep dat het voor haar belangrijk is contact met een ander te zoeken. Dit punt was zij vergeten op te schrijven. Zij geeft hen gelijk. Op het moment dat haar schema's heftig getriggerd zijn kan zij zich onthechten (Onthechte beschermer) en daardoor terugtrekken uit een contact. Niet lang daarna kan zij boos worden op zichzelf (Straffende ouder) en vanuit deze modus zichzelf beschadigen. Samen met haar subgroep worden ook nog andere technieken besproken die Lotte helpen. Er zijn soms nog moeilijke momenten, maar zij is zich ervan bewust dat zij veel heeft geleerd. Zij is de groep dankbaar.

> ### Voorbeeld individuele schematherapie
> Renate heeft vandaag de laatste individuele schematherapiesessie, daarna volgen nog twee follow-upsessies met haar schematherapeut. Renate heeft tijdens de schematherapie veel gehad aan de technieken die teruggrijpen op de therapeutische relatie en andere relaties. In haar EHBO-koffer staat beschreven dat zij elke week met haar partner een evaluatiemoment heeft, waarbij hij haar helpt stil te staan bij haar schema's en modi. Vooral dat zij nog meer gaat delen over haar emotionele binnenwereld en ook complimenten en warmte uit naar zichzelf en naar anderen.

Na sessie 18 zullen er nog twee follow-upbijeenkomsten plaatsvinden. De eerste follow-upsessie is na een maand, de tweede volgt twee maanden daarna. In deze bijeenkomsten kun je de groepsgenoten vertellen wat je in de therapie hebt geleerd en ook hebt toegepast.
We wensen je veel succes met het verder veranderen van je schema's en modi in de follow-upperiode.

Huiswerk voor de volgende keer
– lees regelmatig door wat jij in je EHBO-kist hebt gestopt, en evalueer of jij de voorgenomen acties hebt uitgevoerd. Zo niet, onderzoek wat maakt dat je deze acties niet hebt uitgevoerd: doe dit op een niet-oordelende wijze.

Eerste follow-upsessie

Vandaag is de eerste follow-upsessie. De sessie is wat anders dan de voorgaande therapiesessies. De duur van de sessie is korter, en in deze sessies gaat het niet om het aanleren van nieuwe technieken, er wordt vooral stilgestaan bij het verloop van de afgelopen maand.

Voorbeeld schemagroep
Sabine is zichtbaar opgelucht om te horen dat andere groepsleden de afgelopen weken ook een paar moeilijke momenten hebben gehad en toegegeven hebben aan hun schema's. Sabine had de eerste twee weken na de laatste therapiesessie veel last van angst en heeft meerdere afspraken met anderen afgezegd (schema Mislukking en Minderwaardigheid/schaamte). Afgelopen week heeft zij meer ondernomen.
Zij wist het wel, maar toch is het voor haar fijn om te horen dat bij een verandering de ernst van schema's tijdelijk weer wat kan toenemen. Vervolgens wordt in deze follow-upsessie geëvalueerd welke technieken zij hebben toegepast om de schema's te bestrijden.

Voorbeeld individuele schematherapie
Renate is afgelopen maand uit haar comfortzone gestapt en zij heeft een coach benaderd. Zij wil een deel van haar werk veranderen. In de schematherapie is zij zich bewust geworden van haar schema's en ook van haar emotionele kernbehoeften. Waardering en betrokkenheid is belangrijk voor haar. De Straffende oudermodus blokkeerde haar om te veranderen en nieuwe mogelijkheden aan te grijpen. Ook vindt zij het wel spannend en voelt zij zich onzeker. Zij heeft geleerd met de Gezonde volwassene mild te zijn naar deze gevoelens. Het lukt haar beter deze gevoelens te hanteren.

Huiswerk voor de volgende keer:
Stel jezelf op een vast moment in de week bijvoorbeeld de volgende vragen:
1. Zijn er de afgelopen week schema's en modi aanwezig geweest?
2. Welke hulpmiddelen uit mijn EHBO-koffer heb ik kunnen toepassen?
3. (Als je geen hulpmiddelen hebt kunnen toepassen) wat heeft mij hierin belemmerd?

4. Wat zijn mijn emotionele kernbehoefte die met mijn schema samenhangen?
5. Neem ik mezelf nieuwe acties voor? Zijn deze acties concreet genoeg?
6. Wat zegt mijn Gezonde volwassene en Blije kind tegen mij?
7. Wie zou mij uit mijn sociale netwerk kunnen stimuleren om door te gaan veranderen?

Tweede follow-upsessie

Dit is de laatste keer dat je een sessie hebt met jouw schematherapeut of dat de groep bij elkaar is. Iedereen heeft individueel een evaluatiegesprek gehad met een van de groepstherapeuten. De resultaten, valkuilen en adviezen worden in de groep besproken. Als je niet deelneemt aan een schemagroep dan krijg je een evaluatie met jouw individuele schematherapeut.

Voorbeeld schemagroep

Alle groepsleden hebben in de afgelopen twee weken een eindevaluatiegesprek met een van de groepstherapeuten gehad. Het vervolg van de therapie is ook met iedereen besproken. In de groep worden de afgelopen twee maanden geëvalueerd en ook de uitkomsten uit het eindevaluatiegesprek.

Sabine had graag verder met therapie gewild, zij vindt dat zij te weinig geleerd heeft. In de eindevaluatie is met haar besproken of hier vooral het schema Mislukking aan het woord is. Ook is de angst besproken om een periode geen therapie te hebben. Sabine vertelt de groepsleden dat zij hier veel over nagedacht heeft. Zij is nu acht jaar in therapie, en geeft de groepstherapeut wel gelijk. Zij wil de uitdaging aangaan om een tijd zonder therapie verder te gaan.

Voorbeeld individuele schematherapie

Renate had in sessie 18 met haar individuele schematherapeut afgesproken wekelijks met haar partner te evalueren en stil te staan bij haar schema's en modi. Zij merkt dat het goed is om deze actie voor te zetten. Zij blijft er tegenop zien om te delen over haar binnenwereld, maar weet dat het bij nieuw gedrag hoort. Het is steeds opnieuw uit de comfortzone stappen. Zij neemt het zichzelf niet langer kwalijk dat zij hier spanning bij voelt. Zij snapt het als zij naar haar voorgeschiedenis kijkt. Het lukt haar vaker de verbinding met haar partner te kunnen maken, daar voelt zij veel dankbaarheid over.

Vandaag is de laatste bijeenkomst. We wensen je opnieuw veel succes met het verder veranderen van jouw schema's en modi.

Literatuur

Aanbevolen literatuur voor patiënten

Genderen, H. van, Jacob, G. & Seebauer, L. (2012). *Patronen doorbreken, een zelfhulpboek over schematherapie*. Amsterdam: Uitgeverij Nieuwezijds.

Nauth, L. & Teeuwen, H. (2005). *Trap niet in je eigen valkuil: zelfhulpboek voor inzicht en verandering*. Houten: Bohn Stafleu van Loghum.

Young, J. & Klosko, J. (2005). *Leven in je leven. Leer de valkuilen in je leven herkennen*. Lisse: Harcourt.

Referenties

Lockwood, G. & Perris, P. (2012). In M.R. van Vreeswijk, J. Broersen & M. Nadort (Eds). *The Wiley-Blackwell handbook of Schema Therapy: theory, research and practice. A new look at core emotional needs* (41-66). New York: Wiley-Blackwell.

MacKenzie, K.R. (1983). The clinical application of a group climate measure. In R.R. Dies & K.R. MacKenzie (Eds.), *Advances in group psychotherapy: Integrating research and practice* (pp. 159-170). New York: International Universities Press.

Stinkens, N., Ulberghs, A. & Claes, L. (2009). De werkalliantielijst als sleutelelement in het therapiegebeuren. Meting met behulp van WAV-12. De Nederlandse vertaling van de Worling Alliance Inventory. *Tijdschrift Klinische psychologie, 39*, 44-60.

Trijsburg, R.W. (2006). Een testbatterij ter bepaling van groepscohesie? *Groepen, jaargang 1, nr. 4*, 69-76.

Trijsburg, R.W., Bogaerds, H., Letiche, M., Bidzjel, I. & Duivenvoorden, H.J. (2004). *De ontwikkeling van de Group Cohesion Questionnaire (GCQ)*. Amsterdam/Rotterdam: Universiteit van Amsterdam/Erasmus Universiteit Rotterdam (rapport).

Vreeswijk, M.F. van, Broersen, J. & Nadort, M. red. (2008). *Handboek schematherapie: theorie, praktijk en onderzoek*. Houten: Bohn Stafleu van Loghum.

Vertommen, H., & Vervaeke, G. A. C. (1990). *Werkalliantievragenlijst (WAV). Vertaling voor experimenteel gebruik van de WAI (Horvath & Greenberg, 1986)*. Departement Psychologie, K.U. Leuven.

Over de auteurs

Jenny Broersen is als klinisch psycholoog/locatiehouder werkzaam bij G-kracht psychomedisch centrum Amsterdam en werkzaam bij GGZ Delfland te Delft. Zij is hoofddocent behandeling voor de opleiding tot Gezondheidszorgpsycholoog Volwassenen & Ouderen bij Rino Groep, regio Rotterdam. Zij is erkend supervisor en leertherapeut cognitieve gedragstherapie (VCGt) en erkend supervisor schematherapie zowel bij het Nederlands register schematherapie als de International Society of Schema Therapy (ISST).

Michiel van Vreeswijk is klinisch psycholoog en directeur van G-kracht psychomedisch centrum. Hij is hoofddocent diagnostiek voor de opleiding tot Gezondheidszorgpsycholoog Volwassenen & Ouderen bij Rino Groep, regio Rotterdam en Leiden. Hij is erkend supervisor en leertherapeut cognitieve gedragstherapie (VGCt) en erkend supervisor schematherapie zowel bij het Nederlands register schematherapie als de International Society of Schema Therapy (ISST).

Beide auteurs hebben verschillende boeken, hoofdstukken en artikelen op het gebied van schematherapie geschreven. Bij Bohn Stafleu van Loghum zijn de boeken *Mindfulness en Schematherapie* (2009) en *Handboek Schematherapie* (2008) uitgegeven.

Bijlage 1: Patiëntenfolder kortdurende schematherapie: groepstherapie en individuele therapie

Schematherapie

In deze folder gaan we in op schematherapie: voor groepstherapie en individuele therapie[1]. We besteden aandacht aan de vraag voor wie deze vorm van therapie geschikt is, wat de therapie precies inhoudt, welke technieken er gebruikt worden, welke fasen de therapie kent en welke regels er worden gehanteerd. Ten slotte gaan we in op enkele valkuilen en tips.

Voorbeeld schemagroep

Anna volgt een schemagroepstherapie met nog acht andere mensen. Ze zijn nu voor de tweede keer bij elkaar. In de vorige therapiesessie hebben ze zich aan elkaar voorgesteld en iets verteld over waar ze tegenaan lopen in hun leven. Zo hebben zij gesproken over de valkuilen waar ze regelmatig in stappen. De twee groepstherapeuten nodigen de groepsleden uit om iets te vertellen over hoe zij de vorige sessie hebben ervaren en hoe het de afgelopen week is gegaan. Anna durft nog niet zo goed als eerste iets te zeggen. Zij is bang dat anderen haar stom vinden (schema Minderwaardigheid/schaamte), maar aan de andere kant vindt ze ook dat ten minste één iemand iets moet zeggen. Therapietijd moet wel nuttig besteed worden (schema Meedogenloze normen/overdreven kritisch). De angst voor reacties uit de groep overheerst bij Anna, en zij probeert zich onderdanig en zo onzichtbaar mogelijk op te stellen (modus Willoze inschikkelijke). Een van de groepstherapeuten ziet Anna worstelen en nodigt haar vriendelijk uit om iets te zeggen over wat er in haar omgaat.

Voorbeeld individuele schematherapie

Jeroen heeft nu twee sessies individuele schematherapie gehad. Hij merkt dat hij de neiging voelt om de therapieafspraak af te zeggen. Dit heeft de schematherapeut in het voortraject ook zo met hem besproken en voorspeld. Het schema Gebrek aan zelfcontrole/zelfdiscipline

---

[1] Schemagroepstherapie wordt op verschillende manieren uitgevoerd. Er kan sprake zijn van een kortdurende schemagroepstherapie met een vast aantal sessies. Het kan ook zijn dat de duur van de behandeling van tevoren nog niet vaststaat. In sommige instellingen worden groepstherapieën gegeven waarin je op verschillende momenten kunt instromen, terwijl bij nadere schemagroepstherapievormen je allemaal tegelijk start en tegelijk eindigt. De groepstherapeut bespreekt dit voorafgaand aan de start van de therapie.

wil niet geconfronteerd worden met negatieve emoties en frustraties. De schematherapeut nodigt Jeroen uit om meer te vertellen over zijn neiging niet naar therapie te willen komen en vraagt aan Jeroen of hij het patroon van vermijden herkent. De therapeut vraagt door met een milde en nieuwsgierige houding, waardoor Jeroen ook het gevoel heeft dat hij niet wordt veroordeeld. In zijn binnenwereld worstelt hij al sterk genoeg met zijn straffende kant.

Voor wie is schematherapie geschikt?

Iedereen heeft een bepaalde manier waarop hij of zij kijkt naar zichzelf, de ander en de wereld om zich heen. Wanneer dit leidt tot langdurige vaste patronen van voelen, denken en handelen kun je spreken van een gevoelige snaar (= schema). De meeste mensen hebben meerdere gevoelige snaren/ schema's (zie tabel B.1 in deze folder), die van tijd tot tijd tegelijk kunnen opspelen. Zo kun je bijvoorbeeld vanuit het schema Meedogenloze normen/overdreven kritisch voortdurend het idee hebben dat alles altijd beter moet en dat ook andere mensen zich moeten houden aan de hoge normen en waarden die jij hanteert. Dit kan ertoe leiden dat je nooit tevreden bent over wat je hebt bereikt en dat andere mensen in jouw ogen regelmatig iets fout doen, wat vervolgens weer kan zorgen voor meer irritatie. Wanneer een of meer schema's 'getriggerd' (opgeroepen) worden, kun je in een bepaalde gemoedstoestand (modus) terechtkomen (zie het voorbeeld van Anna). Een modus (zie tabel B.2 voor een overzicht van de modi) kenmerkt zich door bepaalde (intense) emoties en bepaalde gedragingen. In het voorbeeld van Anna is het schema Minderwaardigheid/schaamte getriggerd. Zij reageert vervolgens vanuit de modus de Willoze inschikkelijke. Zij onderdrukt haar emoties en behoeften en hoopt goedkeuring van anderen te krijgen door volgzaam te zijn. Veel schema's en modi zijn in de (vroege) jeugd ontwikkeld in contact met andere mensen.
Schematherapie kan een goede behandeling zijn wanneer het je al langere tijd niet goed lukt om met je gevoelige snaren en gemoedstoestanden om te gaan en je hierdoor problemen hebt gekregen met relaties en met je werk of studie, en klachten hebt die steeds terugkomen. Schematherapie kan helpen om de specifieke emotionele kernbehoefte (zie tabel B.3 in deze folder) die bij een schema hoort voor jezelf expliciet scherp te krijgen, zodat je in de relatie met jezelf en in relaties met anderen hier beter voor kunt zorgen.

Schemagroepstherapie of individuele schematherapie?

In schematherapie leer je je bewust te worden van je gevoelige snaren. Onderzoeken en ervaren wat er gebeurt in het contact met anderen zijn belangrijke aspecten van de behandeling. Sommige mensen krijgen individuele schematherapie, anderen krijgen schemagroepstherapie. Voor veel mensen is het door hun gevoelige snaren namelijk moeilijk hun behoeften aan te geven en open te zijn over hun emotionele binnenwereld. In een schemagroepstherapie kun je nog op een andere wijze leren hier anders mee om te gaan. Door te delen wat er in je omgaat en hoe schema's en modi in contact met de andere groepsleden bij jou worden opgeroepen, krijg je de gelegenheid om in een veilige therapeutische omgeving nieuwe ervaringen op te doen. Er wordt zorgvuldig bekeken welke vorm van schematherapie bij jouw problemen aansluit.

Therapeutische technieken in de schematherapie

Therapeutische relatie (en contact met groepsleden)

Binnen schematherapie geldt het leren aangaan van een gezond contact met de therapeut als een van de belangrijkste aspecten van het veranderingsproces. In een schemagroep gaat het om het contact met de twee groepstherapeuten en de groepsleden. Voor sommige mensen hoort hierbij de uitdaging om hun gevoelens meer te delen met anderen (bijvoorbeeld bij mensen met het schema Emotionele geremdheid). Voor anderen is het belangrijk dat zij milder worden voor zichzelf en de ander (bijvoorbeeld bij mensen met het schema Meedogenloze normen/overdreven kritisch en/of Emotionele verwaarlozing). Meer openstaan voor de mening van anderen en minder vanuit zichzelf reageren (bijvoorbeeld bij mensen met het schema Zich rechten toe-eigenen) kan een ander leerdoel zijn. In de schematherapie leer je van elkaar door stil te staan bij wat er in het contact gebeurt. Samen geef je elkaar feedback. Dit doen we altijd op een respectvolle en uitnodigende manier.

Cognitieve technieken

Manieren die gericht zijn op verandering van het (zwart-wit-)denken worden ook wel cognitieve technieken genoemd. Met deze technieken leer je bijvoorbeeld de voor- en nadelen van je schema's en modi in kaart te brengen en ga je onderzoeken welke feiten vóór je schema's pleiten en welke feiten tegen. De leden van de groep kunnen je hierbij helpen. Het is vaak gemakkelijker voor een buitenstaander om je op een blinde vlek te wijzen.

Gedragsmatige technieken

In een rollenspel speel je een situatie na waarin je schema's en modi zijn getriggerd. Anderen kunnen je helpen jouw gedrag in deze situatie te veranderen. Daarnaast krijg je huiswerkopdrachten die je helpen om in je eigen leefomgeving iets te gaan doen wat je door je gevoelige snaren niet zo snel zou doen.

Experiëntiële technieken

Technieken die meer gericht zijn op je gevoel (= experiëntieel) bestaan uit het doen van een geleide fantasie waarin je wordt gevraagd om een imaginair beeld van een veilige plek te creëren. De oefening kan ook gericht zijn op het verleden. In dat geval word je uitgenodigd om een situatie van vroeger op te halen waarin je schema's en modi gevormd zijn. Vaak helpen deze oefeningen om meer begrip voor jezelf en het ontstaan van je gevoelige snaren te krijgen. Vervolgens leer je in deze herinnering je kwetsbare kant te helpen. Voor het werken aan je pijnlijke (vroege) herinneringen kunnen ook technieken als (historisch) rollenspel of meerstoelentechniek worden gebruikt.

Voorbeeld schemagroep

Wanneer de groepstherapeuten vragen wie dit keer een rollenspel wil spelen, meldt Hans zich. Hans heeft vaak het gevoel nergens bij te horen, een vreemde eend in de bijt te zijn (schema Sociaal isolement/ vervreemding). Hij wil een rollenspel doen met daarin een situatie van de afgelopen week, waarin een schema van hem werd getriggerd. Hans vraagt Caroline, Franka en Thijs om de rol op zich te nemen van collega's die hem voortdurend plagen (Hans is vroeger ook gepest als kind). In het begin is hij nog wat lacherig en zegt dat een rollenspel natuurlijk nooit echt kan zijn. Naarmate hij zich meer inleeft in de situatie ervaart hij weer dat (oude) gevoel van er niet bij te horen en slikt hij een traan weg. In de nabespreking hoort Hans dat de plagende collega's er ook alleen maar bij willen horen en dat het niet eens om hem ging. Ze hadden zelfs niet door dat ze hem te veel plaagden, maar hadden vooral lol met elkaar. Van de groepsleden krijgt Hans te horen dat het hen opviel dat hij weinig moeite deed om van zich te laten horen. Zij leggen de relatie met hoe afwachtend Hans zich ook in de groepstherapie opstelt en hoe hij steeds zijn stoel wat buiten de groep plaatst.

Voorbeeld individuele schematherapie

In de individuele therapie van Esther, nodigt de schematherapeut haar uit om het conflict met haar partner uit te spelen. Esther moet er even aan wennen dat haar schematherapeut de rol van haar partner gaat uitspelen. In de nabespreking wordt haar duidelijk hoe haar schema Emotionele verwaarlozing en haar modus Veeleisende ouder een grote rol spelen in het contact met hem. In een rolomkering merkt zij hoe dit schema en deze modus 'koud' overkomen op de ander. Hoewel zij moeite had om dit rollenspel te doen, merkt zij op dat zij veel inzicht heeft gekregen in de wijze waarop zij contact maakt met de ander.

De verschillende fasen

Voorafgaand aan de schematherapie voer je een of meer indicatiegesprekken met de therapeut(en). Hierin maak je kennis met elkaar, krijg je uitleg over de schematherapie (aantal sessies, frequentie) en bij een schemagroep krijg je informatie over de groepsgrootte en groepsregels. Er wordt gekeken naar wat jouw belangrijkste schema's en modi zijn waaraan je gaat werken. Ook worden eventuele valkuilen met je besproken. Zo kunnen mensen met het schema Gebrek aan zelfbeheersing/zelfdiscipline geneigd zijn therapie saai te vinden en er eerder mee te stoppen. Mensen met de modus Veeleisende ouder willen vaak snel een oplossing voor hun problemen en het dagelijks leven snel weer kunnen oppakken. Bij de modus Veeleisende ouder zien we ook vaak de valkuil dat er te weinig aandacht is voor de emotionele binnenwereld.

In de eerste sessies vinden mensen het spannend om hun emoties en gedachten te delen. Schema's en modi worden lang niet altijd herkend en erkend. Dit is normaal. In het therapieproces zien we meerdere therapiefasen. De eerste fase is vooral gericht op het opbouwen van contact en kennismaken met het schema's en modi. In de daaropvolgende fase, de werkfase, is de therapie meer verdiepend. In de eindfase is er aandacht voor terugvalpreventie/signaleringsplan en ook eventueel aandacht voor het afsluiten van deze therapie.

Aanvullende informatie over een schemagroep

In de eerste sessies hebben de therapeuten dan ook vaak een actieve houding en stimuleren zij het contact tussen de groepsleden. Ook word je uitgenodigd om bij jezelf en andere groepsledende gevoelige snaren en de verschillende gemoedstoestanden op te sporen.

Na de vijfde groepssessie wordt van de groepsleden verwacht dat zij elkaar steeds meer uitnodigen om gevoelens en gedachten te delen. Je kwetsbaar opstellen en openstaan voor reacties uit de groep kan door schema's en modi moeilijk voor je zijn. Het is de bedoeling dat je je hiervan bewust wordt en in de loop van de tijd het steeds meer aandurft om je gevoelens en gedachten met anderen te delen. In deze fase staan de groepstherapeuten samen met de groepsleden stil bij de groepscultuur. Wat zijn dominante schema's en modi in de groep, en hoe gaat de groep ermee om? De groepstherapeuten treden in deze middenfase minder op de voorgrond. Zij maken incidenteel een opmerking en bewaken vooral het groepsproces en de groepsveiligheid. De groepstherapeuten stimuleren in de middenfase dat eventuele behoeften en conflicten openlijk worden besproken en met elkaar worden uitgewerkt.

In de eindfase nemen de groepstherapeuten weer een actievere houding aan. In deze fase is afscheid nemen van elkaar een onderwerp dat aan bod komt. Bij afscheid nemen kunnen schema's en modi getriggerd worden, en daar wordt aandacht aan besteed. Ook wordt er aandacht besteed aan datgene wat je geleerd hebt en hoe je dit in de toekomst kunt blijven toepassen.

De spelregels

Voorbeeld schemagroep

Inge was de vorige sessie zonder opgave van redenen afwezig, terwijl ze de keer daarvoor zich kwetsbaar had opgesteld. Voorzichtig confronteert Anna haar met het feit dat zij het niet leuk vond dat Inge er zo onverwachts niet was. Ze was bang dat Inge nooit meer zou terugkomen (schema Verlating/instabiliteit). Thijs valt Anna bij en zegt tegen Inge dat hij zich zorgen maakte, maar ook dat hij boos op haar is dat ze anderen zo in de steek heeft gelaten (schema Zelfopoffering, maar vermijding van uitspreken eigen behoefte). Inge wil verontwaardigd opstaan. Ze hoeft toch zeker met niemand rekening te houden (schema's Gebrek aan zelfbeheersing/zelfdiscipline en Zich rechten toe-eigenen).

Een van de groepstherapeuten vraagt Inge te blijven zitten en te vertellen wat zij nog meer ervaart. Dan vertelt Inge dat zij zich aangevallen voelt en tekortgedaan. Ze begint te huilen wanneer een groepslid zegt de pijn van Inge te begrijpen, omdat zij het zelf ook zo zou voelen, maar ook hoort hoe de andere groepsleden en de groepstherapeuten haar juist proberen te helpen.

Er gelden in de schematherapie een paar spelregels die ervoor moeten zorgen dat je je veilig voelt en dat het therapieproces goed op gang kan komen. Dit geldt voor individuele schematherapie en schemagroepstherapie:

1. De schematherapeut heeft geheimhoudingsplicht. In het kader van multidisciplinaire overleg zal de schematherapeut in zijn behandelteam jouw therapieproces met zijn collega's bespreken.
2. Kom alle sessies op tijd of zeg ruim van tevoren af en met opgave van redenen. Probeer zo min mogelijk sessies afwezig te zijn.

Voor de groep zijn er nog de aanvullende regels:

3. Net als de groepstherapeuten hebben ook de groepsleden een geheimhoudingsplicht. Dat betekent dat je buiten de groep niet met naam en toenaam over andere groepsleden mag praten. Een algemene opmerking over de groep of iets over jezelf vertellen kan natuurlijk wel. Sterker nog, wij raden je juist aan om je problemen te delen met je omgeving en meer te vertellen over de wijze waarop jij met je gevoelige snaren worstelt en hoe je hier in de therapie mee bezig bent. Dit kan jou en je omgeving weer verder helpen.
4. Als de emoties je even teveel worden in een groep, meld dit dan aan de groepsleden en probeer te verwoorden wat jij op dat moment nodig hebt. Als je even de groep uit wilt stappen, dan kan dat. Kom vervolgens na een paar minuten in de groep terug.
5. Wat je buiten de groep bespreekt met groepsleden moet je altijd tijdens een sessie ook aan de rest van de groep vertellen. Dit is ook het geval wanneer je buiten de groep een (crisis)contact met een van de groepstherapeuten hebt gehad. Om ervoor te zorgen dat er een open en veilige sfeer in de groep is en er geen subgroepen worden gevormd, is het belangrijk dat je met elkaar deelt wat eventueel buiten de groepssessie is besproken. Aangeraden wordt om buiten de groepssessies zo min mogelijk met medegroepsleden te praten over wat er in de groep speelt.

Valkuilen en tips

De voorbeelden in deze folder illustreren hoe schema's en modi getriggerd kunnen worden in schemagroepstherapie en in individuele schematherapie. Triggering van schema's en modi kunnen ook leiden tot valkuilen. Hier worden enkele voorbeelden gegeven met daarbij tips hoe je hiermee om kunt gaan.

1. In schematherapie kan een therapeut of een ander groepslid bevraagd worden of steeds adviezen krijgen. Vaak heeft dit te maken met gevoelens van angst. Zij durven zelf geen ruimte in te nemen, bang als ze zijn voor afwijzing (bijvoorbeeld bij het schema Minderwaardigheid/schaamte, Mislukking, Sociaal isolement/vervreemding) of omdat ze geen confrontaties met zichzelf en elkaar durven aan te gaan (bijvoorbeeld vanuit de schema's Zelfopoffering, Onderwerping, Emotionele verwaarlozing).
Tip: Dit proces kun je doorbreken door het onderwerp (groeps)veiligheid en de rol van vermijding te bespreken. Je kan het voortdurend vragen stellen ter discussie te stellen of je kunt zelf ruimte innemen door iets over je eigen kwetsbaarheid te vertellen.
2. Veel theoretische vragen stellen aan de therapeut of aan de groepstherapeuten kan een manier zijn om niet stil te hoeven staan bij gevoe-

lens (bijvoorbeeld bij schema's als Emotionele geremdheid, Emotionele verwaarlozing). Het doen van een rollenspel wordt dan bijvoorbeeld vermeden door te blijven praten en geen situaties te weten die gebruikt kunnen worden voor een rollenspel.

Tip: Bedenk dat je door doen en ervaren vaak meer bereikt dan door er alleen maar over te praten.

3. Voortdurend de therapeut of de groepstherapeuten bekritiseren over dat de therapietijd zo kort is en dat de klachten niet snel genoeg weggaan. Hierbij kan de modus Veeleisende ouder een rol spelen.

Tip: Neem even de tijd om te onderzoeken of de modus Veeleisende ouder bij jou aanwezig is. Vraag jezelf af of hierdoor geen aandacht is voor je emotionele binnenwereld, probeer dit te delen met de therapeut en/of de groep.

4. Benoemen van een voorzitter in een schemagroepstherapie die de tijd bijhoudt en iedereen evenveel tijd geeft. Het schema Emotionele verwaarlozing kan hierbij een rol spelen. Mogelijk speelt er een conflict in de groep dat niet wordt uitgesproken.

Tip: In dit geval is het belangrijk om uit te zoeken of er een conflict in de groep speelt en om als groep verantwoordelijkheid te nemen voor het uiten van en luisteren naar elkaars wensen zonder daarvoor een voorzitter te moeten aanstellen.

5. In een schemagroepstherapie toelaten dat groepsleden zich onthechten, zich wat verborgen of gesloten opstellen in de groep.

Tip: Als leden van de groep is het belangrijk dat je elkaar op een open en respectvolle manier confronteert met wat het gedrag van de ander met jou doet. Het kan best zijn dat de schema's Gebrek aan beheersing/zelfdiscipline, Sociaal isolement/vervreemding, Minderwaardigheid/schaamte of Mislukking bij iemand zijn getriggerd en dat die persoon zo onthecht is dat er een handreiking vanuit de groep nodig is.

Tabel B.1 Schema's (de schema's met een * moeten nog verder onderzocht worden)

schema	uitleg
Emotionele verwaarlozing	De patiënt verwacht dat de eigen basale emotionele behoeften (zoals steun, verzorging, empathie en bescherming) niet of onvoldoende door anderen zullen worden vervuld. Hij voelt zich alleen en eenzaam.
Verlating/instabiliteit	De patiënt verwacht dat iedereen hem uiteindelijk in de steek zal laten. Anderen zijn onbetrouwbaar en onvoorspelbaar in hun steun en toewijding. Angst, verdriet en woede wisselen elkaar af als de patiënt zich in de steek gelaten voelt.
Wantrouwen en/of misbruik	De patiënt heeft de overtuiging dat anderen uiteindelijk op een of andere manier misbruik van hem zullen maken of hem zullen bedriegen of vernederen. De gevoelens zijn heel wisselend, en betrokkene is voortdurend waakzaam.
Sociaal isolement/vervreemding	De patiënt voelt zich geïsoleerd van de rest van de wereld en anders dan andere mensen.
Minderwaardigheid/schaamte	De patiënt vindt zichzelf innerlijk onvolkomen en slecht. Zodra anderen hem beter leren kennen, zullen zij dat ontdekken en hem afwijzen. Het gevoel van waardeloosheid leidt veelal tot schaamte.
Sociale ongewenstheid	De patiënt is ervan overtuigd dat hij sociaal onhandig en onaantrekkelijk is. Hij vindt zichzelf saai, suf en lelijk.
Mislukking	De patiënt is ervan overtuigd dat hij niet in staat is om te presteren op het niveau van leeftijdsgenoten. Hij voelt zich dom en ongetalenteerd.

Afhankelijkheid/onbekwaamheid	De patiënt is extreem hulpeloos en functioneel afhankelijk van anderen. Hij kan geen besluiten nemen over dagelijkse problemen en is vaak gespannen en angstig.
Kwetsbaarheid voor ziekte en gevaar	De patiënt veronderstelt dat hem en dierbaren elk moment iets vreselijks kan overkomen en dat hij niets kan doen om zich te beschermen.
Verstrengeling/kluwen	De patiënt is overdreven betrokken bij en verbonden met een of meer opvoeders, waardoor hij geen eigen identiteit kan ontwikkelen.
Onderwerping	De patiënt geeft zichzelf over aan de wil van anderen om negatieve consequenties te voorkomen. Hij onderdrukt eigen behoeften uit angst voor conflicten en straf.
Zelfopoffering	De patiënt offert zich vrijwillig op voor anderen, die hij ziet als zwakker dan zichzelf. Als hij aandacht schenkt aan zijn eigen behoeften voelt hij zich schuldig, en hij laat andermans behoeften voorgaan. Uiteindelijk gaat hij zich ergeren aan de mensen waar hij voor zorgt.
Goedkeuring en erkenning zoeken*	De patiënt is op een overdreven manier op zoek naar erkenning, waardering en aandacht, ten koste van zijn eigen ontwikkeling en behoeften.
Emotionele geremdheid	De patiënt houdt emoties en impulsen altijd in, omdat hij denkt dat het uiten daarvan anderen zal schaden of leidt tot schaamte, vergelding of verlating. Hij reageert nooit spontaan en legt sterk de nadruk op rationaliteit.
Meedogenloze normen/overmatig kritisch	De patiënt gelooft dat hij het nooit goed genoeg kan doen en dat hij harder zijn best moet doen. Hij is kritisch op zichzelf en anderen en is perfectionistisch, rigide en overdreven efficiënt. Dit gaat ten koste van plezier, ontspanning en sociale contacten.
Negativiteit en pessimisme*	De patiënt ziet altijd de negatieve kant van zaken en negeert of minimaliseert de positieve kant. Hij is meestal aan het piekeren en is hyperalert.
Bestraffende houding*	De patiënt vindt dat mensen hard gestraft moeten worden voor hun fouten. Hij is agressief, intolerant, ongeduldig en niet vergevingsgezind.
Zich rechten toe-eigenen	De patiënt vindt dat hij superieur is aan anderen en speciale rechten heeft. Hij kan doen en laten wat hij wil, zonder rekening te hoeven houden met anderen. Het centrale thema is macht en controle hebben over situaties en mensen.
Gebrek aan zelfcontrole/zelfdiscipline	De patiënt heeft geen frustratietolerantie en kan gevoelens en impulsen niet beheersen. Hij verdraagt geen ongenoegen of ongemak (pijn, ruzie en inspanning).

Tabel B.2 Schemamodi (de modi met een * moeten nog verder onderzocht worden)

modus	uitleg
Kindmodi	
Kwetsbare kind	De patiënt denkt dat niemand zijn emotionele behoeften zal vervullen en dat iedereen hem uiteindelijk in de steek zal laten. Hij wantrouwt anderen en denkt dat er misbruik van hem gemaakt zal worden. Hij voelt zich minderwaardig en verwacht afgewezen te worden. Hij schaamt zich voor zichzelf en heeft vaak het gevoel er niet bij te horen. Hij gedraagt zich als een klein kwetsbaar kind dat zich voor hulp aan de therapeut vastklampt, omdat hij zich alleen voelt en denkt dat er overal gevaar dreigt.
Woedende kind	De patiënt is intens kwaad, woedend en ongeduldig, omdat aan zijn basale behoeften niet wordt voldaan. Hij kan zich tevens in de steek gelaten, gekleineerd of verraden voelen. Hij uit zijn woede in heftige mate, zowel verbaal als non-verbaal, net als een klein kind dat een woedeaanval heeft.
Razende kind	De patiënt is om dezelfde reden razend als het woedende kind, maar verliest hierbij de controle. Het uit zich in kwetsende en beschadigende acties tegen mensen en voorwerpen, net zoals een klein kind dat tegen de schenen van zijn ouder schopt.
Impulsieve kind	De patiënt wil op een egoïstische en ongecontroleerde wijze de bevrediging van zijn (niet-basale) behoeften afdwingen. Hij kan gevoelens en impulsen niet inhouden en wordt woedend en razend als hij niet meteen zijn zin krijgt. Hij lijkt vaak op een verwend kind.

Ongedisciplineerde kind	De patiënt heeft geen frustratietolerantie en kan zichzelf niet dwingen routinematige of vervelende taken af te maken. Hij verdraagt geen ongenoegen of ongemak (pijn, ruzie en inspanning) en gedraagt zich als een verwend kind.
Blije kind	De patiënt voelt zich geliefd, tevreden, beschermd, begrepen en gewaardeerd. Hij heeft zelfvertrouwen en voelt zich competent, voldoende autonoom en in controle. Hij kan spontaan reageren, is ondernemend, optimistisch en speels als een gelukkig klein kind.
Disfunctionele copingmodi	
Willoze inschikkelijke	De patiënt geeft zichzelf over aan de wil van anderen om negatieve consequenties te voorkomen. Hij onderdrukt alle behoeften of emoties en kropt agressie op. Hij gedraagt zich onderdanig, passief en hoopt goedkeuring te krijgen door gehoorzaam te zijn. Hij laat zich gebruiken.
Onthechte beschermer	De patiënt schermt zichzelf af voor heftige gevoelens, omdat hij denkt dat gevoelens gevaarlijk zijn en uit de hand kunnen lopen. Hij trekt zich terug uit relaties en probeert zijn gevoel uit te schakelen (soms leidend tot dissociatie). De patiënt voelt zich leeg, verveeld en gedepersonaliseerd. Hij kan een cynische of pessimistische houding aannemen om anderen op een afstand te houden.
Onthechte zelfsusser	De patiënt zoekt afleiding om negatieve emoties niet te hoeven voelen. Hij bereikt dit door zelfsussend gedrag (zoals slapen of middelenmisbruik) of het ondernemen van zelfstimulerende activiteiten (te fanatiek of te veel bezig zijn met bijvoorbeeld werken, internetten, sport of seks).
Overcompensatiemodi	
Zelfverheerlijker	De patiënt voelt zich superieur aan anderen en denkt dat hij speciale rechten heeft. Hij wil zijn zin krijgen zonder rekening te hoeven houden met anderen. Hij schept op en kleineert anderen om zijn gevoel van eigenwaarde te vergroten.
Pest- en aanval	De patiënt wil voorkomen dat hij gecontroleerd of gekwetst wordt door anderen en probeert daarom controle over hen te houden. Hij gebruikt hiervoor bedreiging, intimidatie, agressie en dwang. Hij wil altijd in de dominante positie zitten en voelt een sadistisch genoegen bij het aanvallen van anderen.
Onaangepaste oudermodi	
Straffende ouder	De patiënt is agressief, intolerant, ongeduldig en niet-vergevingsgezind ten opzichte van zichzelf. Hij is altijd kritisch op zichzelf en zeer schuldbewust. Hij schaamt zich voor zijn fouten en vindt dat hij daar hard voor gestraft moet worden. Deze modus is een weergave van wat (een van) de ouders of andere opvoeders altijd tegen de cliënt zeiden om hem te kleineren of te straffen.
Veeleisende ouder	De patiënt vindt dat hij moet voldoen aan rigide regels, normen en waarden. Hij moet daarbij overdreven efficiënt zijn. Hij gelooft dat hij het nooit goed genoeg kan doen en dat hij harder zijn best moet doen. Hij blijft daarom streven naar perfectie, ten koste van eigen rust en plezier. Hij is nooit tevreden met het resultaat. Dit zijn ook geïnternaliseerde regels en normen van (een van de) ouders.
Gezonde modus	
Gezonde volwassene	De patiënt heeft positieve en genuanceerde gedachten en gevoelens over zichzelf. Hij doet dingen die goed voor hem zijn en leiden tot gezonde relaties en activiteiten. Dit is geen disfunctionele modus.
Nog niet onderzochte modi	
Boze beschermer*	Gebruikt een muur van woede om zichzelf te beschermen tegen anderen, die als bedreigend worden ervaren. Hij houdt anderen op een veilige afstand met veel vertoon van woede. Boosheid is meer gecontroleerd dan bij het woedende of razende kind.
Overcontroleerder*	Probeert zichzelf te beschermen tegen vermeende of daadwerkelijke dreiging door alles extreem te controleren. Gebruikt daarbij herhaling of rituelen.

Paranoïde modus*	Probeert zichzelf te beschermen tegen vermeende of daadwerkelijke dreiging door anderen te lokaliseren en te onthullen.
Bedrog- en manipulatiemodus*	Bedriegt, liegt of manipuleert om een specifiek doel te bereiken, dat ofwel betrekking heeft op het anderen tot slachtoffer maken of om straf te ontlopen.
Roofdiermodus*	Op een kille, meedogenloze en berekenende wijze dreiging, rivalen, obstakels of vijanden elimineren.
Aandacht- en erkenningzoeker*	De patiënt probeert op opzichtige wijze goedkeuring en aandacht van anderen te krijgen, bijvoorbeeld door zich overdreven te gedragen, te erotiseren of zich aan te stellen.

Tabel B.3 Emotionele kernbehoeften (de schema's met een * moeten nog verder onderzocht worden) (Lockwood & Perris, 2012)

schema	emotionele kernbehoefte in de relatie
Emotionele verwaarlozing	Warmte en affectie, empathie, bescherming, wederzijds delen van persoonlijke ervaringen.
Verlating/instabiliteit	Een stabiele en voorspelbare emotionele hechtingsfiguur.
Wantrouwen en/of misbruik	Eerlijkheid, betrouwbaarheid, loyaliteit, afwezigheid van misbruik.
Sociaal isolement/vervreemding	Er bij betrokken worden. Gezien worden en uitgenodigd worden en horen 'je bent oké.
Minderwaardigheid/schaamte	Onvoorwaardelijke acceptatie van, en liefde voor iemands persoonlijke en publieke zelf met regelmatige waardering waarbij onophoudend kritiek of afwijzing afwezig is. Aanmoediging om onzekerheid te delen en deze niet geheim te houden voor anderen.
Sociale ongewenstheid	Acceptatie door en behorend bij een gemeenschap/groep met gedeelde interesses en waarden.
Mislukking	Ondersteuning en begeleiding bij het ontwikkelen van expertise en competentie op verschillende gebieden (onderwijs, werk en recreatief).
Afhankelijkheid/onbekwaamheid	Uitdaging, ondersteuning en begeleiding in het omgaan met dagelijkse keuzes en eigen problemen zonder overdreven veel hulp van anderen.
Kwetsbaarheid voor ziekte en gevaar	Een geruststellende betekenisvolle relatie die een evenwicht biedt in het hebben van reële bezorgdheden voor gevaar en ziekte en een gevoel heeft voor het nemen van enige risico, iemand die een adequate actie onderneemt zonder overbescherming.
Verstrengeling/kluwen	Een betekenisvolle ander die een eigen identiteit aanmoedigt en accepteert, respecteert persoonlijke grenzen.
Onderwerping	Vrijheid om in betekenisvolle relaties behoeften, gevoelens en een mening te uiten zonder angst, straf of afwijzing.
Zelfopoffering	Evenwicht in de belangrijkheid van elkaars persoonlijke behoeften.
Goedkeuring en erkenning zoeken*	Onvoorwaardelijk gezien en gehoord worden. Fouten mogen maken. Dingen op eigen manier mogen doen zonder afkeuring.
Emotionele geremdheid	Een betekenisvolle ander die speels en spontaan is en uitnodigt om dat ook te zijn en anderen aanmoedigt gevoelens te uiten en hierover te praten.
Meedogenloze normen/overmatig kritisch	Begeleiding in het ontwikkelen van adequate (niet te lage, niet te rigide en niet te extreme) waarden en idealen en het vinden van een evenwicht met betrekking tot prestatiedoelen waarbij ook tegemoet wordt gekomen aan behoeften zoals gezondheid, intimiteit en ontspanning.
Negativiteit en pessimisme*	Horen dat de wereld niet in en in slecht is. Dat dingen fout gaan, maar ook heel veel goed. Dat je ook zelf een positieve invloed kan hebben op wat er gebeurt.
Bestraffende houding*	Valideren van pogingen om iets uit te proberen. Stimulans t.a.v. creativiteit en eigenheid. Fouten maken mag en is teken van initiatief durven tonen.

Zich rechten toe-eigenen	Iemand die stuurt om zich in te leven in de ander en grenzen stelt waarbij stilgestaan wordt bij de consequenties voor anderen en meer in te leven in de visie, rechten en behoeften van anderen. Zich minder superieur te voelen en onrealistische eisen begrenst.
Gebrek aan zelfcontrole/zelfdiscipline	Begeleiding om meer dagelijkse routinetaken af te maken, verantwoordelijkheden aan te gaan en bezig te zijn met lange termijn doelen. Emoties die ongecontroleerd, impulsief of inadequaat zijn worden begrensd.

Ten slotte

Het kan zijn dat je nog vragen hebt die niet beantwoord zijn. We raden je aan deze vragen met je behandelaar te bespreken. Hieronder staat waar je meer informatie over schematherapie kunt vinden.

Meer informatie

Voor meer informatie over schematherapie en het (wetenschappelijk) onderzoek daarnaar zie de volgende websites:
- www.schematherapie.nl
- www.schematherapy.com
- www.schematherapysociety.org

Enkele zelfhulpboeken

Genderen, H. van, Jacob, G., & Seebauer, L. (2012). *Patronen doorbreken, een zelfhulpboek over schematherapie*. Amsterdam: Uitgeverij Nieuwezijds.

Nauth, L., & Teeuwen, H. (2005). *Trap niet in je eigen valkuil; zelfhulpboek voor inzicht en verandering*. Houten: Bohn Stafleu van Loghum.

Young, J., & Klosko, J. (1999). *Leven in je leven. Leer de valkuilen in je leven herkennen*. Amsterdam: Pearson Assessment & Information.

Bron

Deze folder is een aangepaste versie van de Cliëntenvoorlichting uit *Psychopraktijk*, 2 (5) blz. 23-25 (2010), aangevuld met uitleg over schema's en modi uit het *Handboek voor schematherapie. Theorie, praktijk en onderzoek* (Vreeswijk van, et al. 2008).

If you have any concerns about our products,
you can contact us on
ProductSafety@springernature.com

In case Publisher is established outside the EU,
the EU authorized representative is:
Springer Nature Customer Service Center GmbH
Europaplatz 3, 69115 Heidelberg, Germany

Printed by Libri Plureos GmbH
in Hamburg, Germany